어린이를 위한 SDGs

어린이를 위한 SDGs

★ SDGs가 필요한 이유를 알게 되는 책 ★

스쿨존 edu

들어가는 말

지금 이대로라면
우리가 어른이 될 때까지 지구가 버틸 수 없을 거야!

이 책은 2015년 9월에 채택된 '우리의 세계를 개혁한다: 2030 지속가능한 발전 의제'가 내건 17개의 목표와 169개의 세부 목표로 이루어진 '지속가능발전목표(SDGs)'를 자세히 소개합니다.

제1장에서는 전 세계에서 일어나는 다양한 문제를 생각해 봅니다. 국제연합(유엔)에 가입하여 국제 사회에서 존재를 인정받은 나라는 모두 193개국입니다. 한편, 아직 경제와 산업이 발전하는 중인 '개발도상국'은 국제통화기금(IMF) 기준으로 154개국이 있습니다. 우리나라는 1996년 경제협력개발기구(OECD)에 가입하며 선진국 대열에 들어섰습니다. 하지만 우리처럼 풍요로운 나라는 많지 않습니다. 우리가 누리는 생활이 모두에게 당연한 것은 아닙니다.

지금 세계는 빈곤, 차별, 환경 오염, 전쟁 같은 다양한 문제와 과제를 끌어안고 있습니다. 개발도상국에서 일어나는 문제가 더 심각할 수도 있지만, 우리나라에도 빈곤과 차별, 환경을 둘러싼 문제가 있듯 선진국이라고 문제가 없는 것은 아닙니다. 이를 해결하기 위해서는 먼저 세계가 직면한 문제와 과제가 무엇인지 알아보는 것이 중요합니다.

제2장에서는 SDGs의 의미와 목표, 더불어 '지속가능한 발전'에 관한 기초적인 지식을 간단하게 설명합니다.

제3장에서는 우리가 SDGs를 어떻게 받아들이고, 어떻게 행동해야 하는지 생각해 봅니다.

부록에서는 SDGs가 내걸고 있는 17개의 목표가 어떤 내용인지 자세히 설명하고 있습니다. SDGs는 전 세계 사람들이 노력해서 성취해야 하는 목표입니

 다. 이를 달성하려면 문화와 사고방식이 다른 우리 모두가 함께 서로를 배려하고 힘을 합쳐 성장해 나아가야 합니다.
 현재 지구는 위태로운 상태입니다. 이대로 미래를 맞이하면 더 이상 버틸 수 없을지도 모릅니다. 앞으로 세계를 이끌어갈 어린이들이 이상적인 세상에서 살기 위해서는 지금부터 다양한 문제에 대해 생각해 보고, 주위 사람들과 의견을 나누며 행동하는 것이 중요합니다.
 이 책을 다 읽었다면 작은 일부터 실천해 보세요. 그 작은 행동이 나중에 어른이 되었을 때 더 나은 미래를 만드는 길로 이어질 것입니다.

차례

들어가는 말 ··· 4

제 1 장
우리 주위에 있는 다양한 문제를 이해하자

1. 세계에는 학교에 다니지 못하는 어린이들이 많이 있어 ················ 12
2. 코로나바이러스가 나타난 것은 사람 탓? ································· 14
3. 굶는 사람이 있는 한편 음식을 버리는 사람도 있어 ···················· 16
4. 하루에 약 2,000원으로 사는 사람이 7억 3,666만 명이나 있어 ········ 18
5. 1억 4,400만 명은 더러운 호숫물이나 강물을 써야 해 ·················· 20
6. 많은 동식물이 사라지고 있어 ··· 22
7. 환경이 파괴되며 지구온난화가 심각해지고 있어 ······················· 24
8. 인간은 돈을 벌기 위해 소중한 것을 희생해 왔어 ······················· 26
9. 기업이 만들어낸 공해로 지금도 많은 사람이 고통받고 있어 ·········· 28
10. 아동 노동으로 만드는 유명 기업의 상품들 ····························· 30
11. 세계적 기업이 일으킨 노동 문제 ··· 32
12. 환경과 인권을 무시하면 사람들이 외면하게 될 거야 ·················· 34
13. 나는 부족한 것이 없으니까 주위는 아무래도 좋을까? ················ 36

| 14 | 똑같이 지구에서 태어났는데 이렇게 차이가 있어도 괜찮아? | 38 |
| 15 | 지금부터 지구에 사는 다른 누군가가 되어야 한다면? | 40 |

COLUMN
- 태국에는 성별이 18개나 있다고!? ········· 42

제 2 장

유엔이 정한 세계 공통 목표, SDGs란 무엇일까?

1	SDGs(지속가능발전목표)란?	44
2	SDGs에는 17개의 목표와 169개의 세부 목표가 있어	46
3	'지속가능'이 무슨 뜻이야?	48
4	왜 SDGs를 달성하려고 노력해야 할까?	50
5	SDGs의 '다섯 개의 P'란?	52
6	이대로는 SDGs를 달성하기 힘들어	54
7	SDGs의 기초가 된 MDGs(새천년개발목표)	56
8	모두가 SDGs 관계자	58
9	SDGs는 다양한 문제를 동시에 해결한다	60
10	할 수 있는 일부터 시작하자	62

차례

| 11 | 우리나라의 SDGs 달성률은 세계 18위 | 64 |

COLUMN
- 신토불이가 SDGs에 도움이 된다? ······ 66

제 3 장

SDGs를 내 일처럼 생각하기

1	이대로는 나쁜 일이 일어나는 걸까?	68
2	SDGs 달성을 위해 노력하지 않아도 벌칙은 없지만	70
3	SDGs는 사업에 공헌한다	72
4	그레타가 어른들에게 분노하는 이유	74
5	남을 탓하지 말고 내가 할 수 있는 일을 생각하자	76
6	누가 만드는지 생각해 본 적 있어?	78
7	윤리적 소비를 생각하자!	80
8	미래를 위해 지금 해야 할 일을 하자!	82
9	목표 달성을 위해 무엇이 필요한지 생각하자	84
10	할 수 있는 것, 할 수 있어 보이는 것부터 해보자	86
11	할 수 있는 일 레벨 1: 소파에 앉아서 할 수 있는 일	88

12	할 수 있는 일 레벨 2: 집에 있으면서 할 수 있는 일	90
13	할 수 있는 일 레벨 3: 집밖에서 할 수 있는 일	92
14	할 수 있는 일 레벨 4: 직장(학교)에서 할 수 있는 일	94
15	'좋은 일을 하자'는 마음만으로는 지속할 수 없는 일도 있어	96
16	SDGs를 이용한 이미지 세탁은 안 돼!	98
17	가족들에게 SDGs를 위한 사회의 노력을 물어보자!	100
18	어른들에게 요구하자! '어린이를 생각해 주세요'	102

COLUMN
- 학교 급식에서 식품 손실을 줄이자 ··· 104

부록

SDGs의 17개 목표를 더 자세히 알아보자

SDGs의 17개 목표를 더 자세히 알아보자	106
목표 1 — 빈곤층 감소와 사회 안전망 강화	108
목표 2 — 식량 안보와 지속가능한 농업	110
목표 3 — 건강하고 행복한 삶	112
목표 4 — 모두를 위한 양질의 교육	114

차례

목표 5──성 평등 보장 ·· 116

목표 6──건강하고 안전한 물관리 ··· 118

목표 7──에너지의 친환경적 생산과 소비 ································· 120

목표 8──좋은 일자리 확대와 경제 성장 ··································· 122

목표 9──산업 혁신과 사회기반시설 확충 ································· 124

목표 10──모든 종류의 불평등 해소 ·· 126

목표 11──지속가능한 도시와 주거지 ······································· 128

목표 12──지속가능한 생산과 소비 ··· 130

목표 13──기후변화 대응 ··· 132

목표 14──해양생태계 보전 ··· 134

목표 15──육상생태계 보전 ··· 136

목표 16──인권·정의·평화 ··· 138

목표 17──지구촌 협력 확대 ··· 140

● SDGs와 관련된 유용한 사이트 ·· 143
● SDGs를 즐겁게 배울 수 있는 편리한 도구들 ··························· 144

제 1 장

우리 주위에 있는 다양한 문제를 이해하자

1

세계에는 학교에 다니지 못하는 어린이들이 많이 있어

세계의 5~17세 어린이 5명 중 1명,
즉 약 3억 3,000만 명이 학교에 다니지 않는다

출처: 유니세프 「A Future stolen: young and out of school」

- 왜 학교에 다니지 못할까?
- 학교에 가지 못하면 어떤 문제가 있을까?

★ 학교에 다니지 못하는 어린이의 미래는 어둡다

코로나바이러스가 퍼지며 이제까지는 당연히 다니던 학교에 갈 수 없게 되었어요. 지금까지 학교에 가기 귀찮았던 학생도 "학교에 가고 싶다!"라는 생각이 들지 않나요? 물론 코로나바이러스 유행이 끝나면 학교에 갈 수 있을 거예요.

유니세프(유엔아동기금)의 보고서에 따르면 5~17세 어린이 5명 중 1명에 해당하는 3억 3,000만 명이 학교에 다니지 못한다고 합니다. 학교에 가고 싶지만 갈 수 없는 것이에요.

가장 큰 이유는 가난입니다. 집이 가난해서 부모님을 돕기 위해 일을 해야만 하는 어린이도 있고, 수도가 없는 집에서 생활하며 생존을 위해 매일 몇 시간씩 물을 길으러 다녀야 하는 어린이도 있어요. 또한, 전쟁으로 고향을 떠나야 했던 탓에 난민이 되어 학교에 다닐 수 없게 된 어린이도 있습니다.

공부할 기회를 잃으면 커서 좋은 직업을 가지게 될 가능성도 낮아지고 학교에 다니지 못하는 사람은 직업을 찾을 수 없으니 가난에서 더욱 벗어나기 힘들어지는 것입니다.

읽고 쓸 수 없는 사람의 수

DATA

읽고 쓸 수 없는 사람의 수는
7억 5,000만 명
(전 세계 15세 이상 인구 6명 중 1명)

한국인은 거의 모두가 글을 읽고 쓸 수 있습니다. 세계에서도 손꼽히는 수준이지요. 하지만 아프리카 나라 중에는 글을 읽고 쓸 줄 아는 비율이 30% 이하인 나라도 있습니다.

출처: 유네스코

2

코로나바이러스가 나타난 것은 사람 탓?

세계에서 가장 많이 밀렵되는 동물 천산갑은 일부 나라에서 진귀한 요리나 전통 약의 재료로 인기가 높다

- 사람이 마음대로 야생동물을 멸종시켜도 될까?
- 동식물이 멸종 위기에 처한 이유를 조사해 보자

★ 코로나바이러스는 동물이 사람에게 옮긴 것?

코로나바이러스는 많은 사람의 생명을 앗아갔습니다. 더 퍼지는 것을 막기 위해 전 세계 사람들이 '스테이 홈(집에 머물자)'이라는 구호 아래 외출을 자제하던 모습이 아직도 기억에 생생합니다.

코로나바이러스가 어떻게 시작되었는지는 분명치 않아요. 세계보건기구(WHO)가 사람에게서 발견된 병원균 중 적어도 61%는 사람과 동물을 모두 감염시킬 수 있다고 지적하면서, 코로나바이러스도 동물이 옮긴 것은 아닐지 의심하고 있습니다. 박쥐의 바이러스가 천산갑에게 감염된 후 사람에게 옮은 것이라고 생각하는 연구자도 있어요. 중국이나 베트남에서는 천산갑의 비늘이 전통 약을 만드는 재료로 쓰이거든요.

이제까지 야생동물은 사람들이 사는 지역에 모습을 드러내지 않았어요. 하지만 사람들이 나무를 베어버리거나 기후변화를 불러오면서 야생동물의 살 곳이 사라지고 있습니다. 갈 곳을 잃은 야생동물이 먹이를 찾아 사람이 사는 마을에 나타나는 경우가 늘고 있어요. 사람과 야생동물 사이의 거리가 필요 이상으로 좁아진 탓에 바이러스에 감염될 위험이 커졌다고 지적하는 목소리도 있습니다.

알아두어야 할 개념

WHO(세계보건기구)

기본적인 인권인 '인간의 건강'이라는 목표를 달성하기 위해 설립된 유엔 전문기관. 세계 여러 나라의 지원금과 각종 단체의 기부금으로 운영됩니다. 2021년 12월 현재 에티오피아 출신 테드로스 아드하놈이 WHO의 리더인 사무총장을 맡고 있습니다.

테드로스 아드하놈 사무총장

출처: Shutterstock.com

제1장 우리 주위에 있는 다양한 문제를 이해하자

3

굶는 사람이 있는 한편 음식을 버리는 사람도 있어

세계의 기아 인구는 약 8억 2,000만 명 특히 아프리카에서는 인구의 약 3분의 1이 영양 부족으로 고통받고 있다

출처: 유니세프 「세계 식량 안보와 영양 현황 2019년 판」

- 평소에 음식을 남기거나 버리지는 않았을까?
- 왜 많은 식품을 수입하는데 버리는 음식이 생길까?

★ 우리가 먹지 않고 버리는 음식들

음식을 버리거나 남긴 적이 있나요? 우리나라에서는 매년 음식물 쓰레기가 570만 톤씩 나오고 있습니다. 이를 인구수로 나눠보면 한 사람이 매일 밥 두 그릇(약 300g)씩 음식물 쓰레기를 버리고 있는 셈이에요. 이 양은 2018년 전 세계에서 이루어진 식량 원조량(약 390만 톤)의 1.5배에 맞먹습니다.

한편 세계에는 굶주림으로 고통받는 사람들이 많습니다. 유엔세계식량계획(WFP)에 따르면 2018년 세계의 기아 인구는 8억 2,000만 명이라고 합니다. 특히 아프리카나 남아시아에 많습니다.

지구에는 전 세계 사람들이 모두 먹을 수 있을 만큼 충분한 식량이 있습니다. 전 세계에서 만들어지는 음식 중 3분의 1이 버려지고 있는데도 9명 중 1명은 굶주림에 시달리고 있어요. 국내에서 만들어지는 식재료로 충분하지 않아 음식을 수입하면서 동시에 음식을 버리는 우리나라도 '식품 손실 대국' 중 하나입니다. 굶주리는 사람이 이렇게나 많은데 말이에요.

출처: 환경경제신문 그린포스트코리아 「줄여야 산다 #음식물 쓰레기① 매년 570만톤, 먹지 않고 버려지는 음식의 경제·환경학」 (2020.8.26)

우리나라의 식량자급률

DATA

우리나라의 식량자급률은 45.8%
(2019년도)

우리나라의 식량자급률은 45.8%로 절반이 넘는 식량은 수입한다는 의미입니다. 그런데도 많은 음식이 버려지고 있습니다.

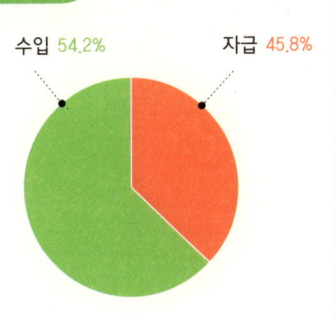

수입 54.2% 자급 45.8%

출처: 한국일보 「농림축산식품부, 식량자급 위기설」 (2020.10.8)

4

하루에 약 2,000원으로 사는 사람이 7억 3,666만 명이나 있어

세계의 빈부격차는 심각한 수준!
하루 2,000원 이하의 생활을 해야만 하는 사람이 우리나라 인구의 약 열네 배나 있다

출처: 세계은행

- 하루에 2,000원만 쓸 수 있는 생활을 상상해 보자
- 절대적 빈곤과 상대적 빈곤의 차이를 이해하자

★ 우리나라 어린이 7명 중 1명이 상대적 빈곤층

세상에는 부자와 가난한 사람이 있어요. 하지만 한 마디로 '빈곤'이라고 하기엔 그 기준이 다양합니다. 예를 들어 세계은행은 '하루 1.9달러(2,000원) 미만'으로 생활하는 사람을 빈곤층이라고 정의했어요. 그에 따르면 빈곤층이 전 세계에 7억 3,666만 명(2015년)이나 있는 셈이에요.

하루에 2,000원으로는 음식이나 옷, 집처럼 살아가는 데 꼭 필요한 생활필수품도 구하기 힘듭니다. 이런 최저한의 생활도 어려운 가난을 '절대적 빈곤'이라고 합니다.

우리나라에서도 빈곤은 문제가 됩니다. 그 대부분이 '상대적 빈곤'이라 불리는 것입니다. 간단히 말해 자기가 사는 나라 안에서 세금 등을 빼고 실제로 받게 되는 연봉이 중앙값(큰 순서대로 세웠을 때 딱 가운데가 되는 수치)의 절반 이하인 사람들을 가리킵니다. 우리나라 어린이 빈곤율은 14.5%로 OECD 국가 평균인 13.1%보다 조금 높은 편입니다. 어린이 7명 중 1명이 상대적 빈곤 상태에 있는 것이지요. 절대적 빈곤에 비하면 덜 심각하게 느껴지지만, 그래도 그 나라에서 생활하기 어려운 상황이라는 의미에서는 꼭 해결해야 하는 문제입니다.

출처: 동아닷컴 「고등학생 하루 6.1시간 수면 … 아동·청소년 행복도 OECD 최하」(2019.12.24)

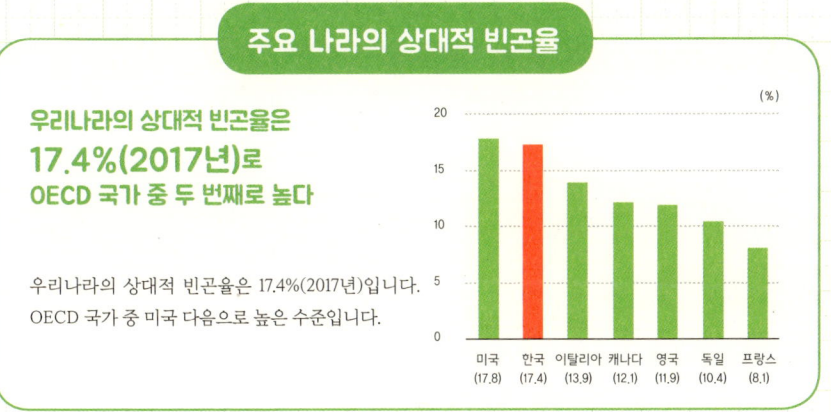

주요 나라의 상대적 빈곤율

우리나라의 상대적 빈곤율은
17.4%(2017년)로
OECD 국가 중 두 번째로 높다

우리나라의 상대적 빈곤율은 17.4%(2017년)입니다. OECD 국가 중 미국 다음으로 높은 수준입니다.

미국 (17.8), 한국 (17.4), 이탈리아 (13.9), 캐나다 (12.1), 영국 (11.9), 독일 (10.4), 프랑스 (8.1)

출처: 머니투데이 「OECD 빈곤율 2위 오명 한국 … 코로나19 경제위기로 악화되나」(2020.6.13)

5

1억 4,400만 명은 더러운 호숫물이나 강물을 써야 해

세계 인구의 38%인 약 22억 명은 안전하게 관리된 물을 마실 수 없다

출처: 유니세프, WHO 「Progress on household drinking water, sanitation and hygiene, 2000~2017」

 생각해 보자

- 물을 마음껏 쓸 수 없으면 어떤 점이 불편할까?
- 강이나 연못의 더러운 물을 마시면 어떻게 될까?

★ 수돗물을 마실 수 있는 나라는 많지 않다

수도꼭지를 돌리면 당연히 물이 나온다고 생각할 거예요. 하지만 수돗물을 바로 마실 수 있는 나라는 세계적으로 그렇게 많지 않답니다.

22억 명이나 되는 사람은 안전하게 관리된 물을 마실 수 없어요. 게다가 그중 1억 4,400만 명은 호수나 강, 용수로에 흐르는 안전하지 않은 물을 써야만 하는 상황에 놓여 있어요. 시히라 이남 아프리카 나라들만 해도 약 330만 명의 어린이들이 매일 물을 길으러 다닙니다. 그중에는 몇 시간씩 무거운 물을 옮겨야 하기 때문에 학교에 갈 수 없는 어린이도 있지요.

또한 30억 명의 집에는 손을 씻기 위한 비누나 물 같은 설비와 도구가 없고, 42억 명은 안전하게 관리된 화장실을 쓸 수 없습니다.

깨끗한 물은 사람이 살아가기 위해 매우 중요합니다. 더러운 물이나 위생적이지 못한 환경은 설사나 콜레라 같은 병의 원인이 됩니다. 실제로 더러운 물때문에 설사병에 걸려 목숨을 잃고 마는 어린아이들이 1년에 30만 명이나 있습니다.

야외에서 용변을 보는 사람의 수

DATA

야외에서 용변을 보는 사람은
6억 7,300만 명
(세계 인구의 약 9%)

2017년 시점에서 거리나 벌판, 해안 등 야외에서 용변을 보는 사람이 세계 인구의 9%에 해당하는 약 6억 7,300만 명이나 있습니다.

6

많은 동식물이 사라지고 있어

IUCN(세계자연보전연맹)에 따르면 멸종 위기에 놓인 야생동물이 전 세계에 약 3만 1,000종이나 있다

출처: International Union for Conservation of Nature(IUCN)

- 세계와 우리나라에 있는 멸종 위기종을 조사해 보자
- 왜 멸종 위기종을 보호해야 할까?

★ 멸종 위기에 처한 동식물이 25%

밭이나 목장을 만들기 위해 인류는 전 세계의 나무를 베어 왔습니다. 해마다 우리나라 전체 산림 면적만큼의 나무가 사라지고 있어요. 또 매년 3~4억 톤의 폐기물이 바다나 강에 버려져 오염을 부르고 있습니다.

지구에는 다양한 동식물이 살고 있어요. 산림 벌채나 해양 오염 등으로 동물과 식물이 살 곳이 파괴된 결과 25%의 동식물종이 멸종 위기에 놓이게 되었습니다. 이대로라면 몇십 년 안에 약 100만 종에 이르는 동식물이 사라질 것이라고 해요.

예를 들어 계속 늘어나는 인구가 먹을 식량을 마련하기 위해 물고기를 함부로 잡는다고 생각해 봅시다. 어부 같은 어업 관계자들은 한동안 돈을 많이 벌 수 있을지도 몰라요. 하지만 마구잡이 어업을 이어간다면 물고기 수는 줄어들 것이고 심하면 멸종할 수도 있어요. 그렇게 된 후에 놀라 당황해도 원래 상태로 되돌리기는 어렵습니다. 사람은 자연이 준 선물을 현명하게 사용해야 해요. 눈앞의 이익만 챙기다가 나중에는 동식물뿐만 아니라 사람에게도 피해가 미치는 일이 많아질 거예요.

출처: KBS뉴스 「매년 국내 산림 면적만큼 나무 사라져 … 자연 혜택 급속 악화」, (2019.5.6)

우리나라의 멸종 위기종

DATA

우리나라의 멸종 위기종은 221종

환경부가 멸종될 위기에 처한 야생생물을 지정한 '환경부 멸종 위기 동식물'은 1989년에서 2012년에 걸쳐 여섯 번 갱신되었습니다. 2013년에 발표된 자료를 보면 우리나라에는 221종의 멸종 위기종이 있다고 해요.

멸종 위기종 늑대

출처: 환경부 「멸종위기 야생동식물 목록」, (2013.11.27)

7

환경이 파괴되며 지구온난화가 심각해지고 있어

지구온난화가 진행되면서 남극의 얼음이 전에 없이 빠른 속도로 녹고 있다

- 지구온난화가 심각해지면 어떤 일이 벌어질까?
- 어떻게 하면 지구온난화를 막을 수 있을까?

★ 지구온난화가 불러오는 다양한 위험

이산화탄소(CO_2)와 같은 '온실가스'가 대기로 배출되어 지구 전체의 평균 기온이 올라가는 것을 '지구온난화'라고 해요.

지구온난화는 다양한 부작용을 불러옵니다. 기온이 상승하면 큰비가 내려 홍수가 나거나 가뭄이 오는 등 여러 동식물의 생태계에도 피해를 주지요. 그 결과 농작물의 수확이 줄어들고 생물 다양성이 감소해 멸종하는 동물도 증가하게 됩니다.

그뿐만이 아닙니다. 지구온난화는 기후변화로 이어지기 때문에 건조한 토지에서는 가뭄이 더 심해지고, 비가 많이 내리는 지역에서는 홍수가 증가하는 등 세계 수자원 격차가 더욱 벌어질 우려가 있다고 합니다. 지구 얼음의 90%가 몰려 있는 남극에서는 지구온난화의 영향으로 이제까지 없던 빠른 속도로 얼음이 녹고 있고 이대로라면 해수면이 상승해 육지 면적이 줄어들 가능성도 지적되고 있어요.

인간의 경제 활동 때문에 석탄, 석유, 가스 같은 화석 연료가 대량으로 소비되며 '온실가스'가 증가하고 있습니다. CO_2를 흡수하는 숲이 줄어들고 있는 것도 지구온난화에 영향을 미치고 있습니다.

우리나라의 이산화탄소 배출량

DATA

우리나라의 이산화탄소 배출량은
세계의 약 3%
(세계에서 여덟 번째로 많음)

우리나라의 이산화탄소(CO_2) 배출량은 중국, 미국, 인도, 러시아, 일본, 독일, 이란 다음으로 8위이며, 전 세계 배출량의 약 3%를 차지합니다.

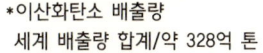

*이산화탄소 배출량
세계 배출량 합계/약 328억 톤

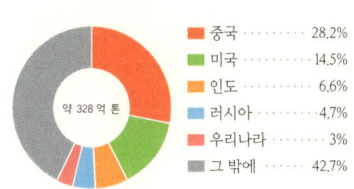

약 328억 톤
- 중국 ········ 28.2%
- 미국 ········ 14.5%
- 인도 ········ 6.6%
- 러시아 ······ 4.7%
- 우리나라 ···· 3%
- 그 밖에 ····· 42.7%

출처: 코트라 세계시장뉴스 「팬데믹이 앞당기는 美 재생에너지 시대」 (2020.10.5)　　※반올림한 수치로 합계가 100%가 아님

8

인간은 돈을 벌기 위해 소중한 것을 희생해 왔어

환경이나 인권을 희생하며 돈벌이를 앞세워온 결과 기업은 다양한 문제를 일으키고 있다

❓ 생각해 보자

- 돈을 벌기 위해 환경을 파괴해도 될까?
- 돈을 벌기 위해 인권을 무시해도 될까?

★ 돈벌이와 환경, 어떤 것이 더 소중할까?

인류는 경제 발전을 위해 환경과 인권을 희생해 왔습니다. 도덕에 어긋나는 행위나 위법 활동을 하는 경우도 있었지요. 하지만 우리가 사는 지구의 환경을 파괴하면 지구가 주는 선물도 더 이상 누릴 수 없게 됩니다. 돈벌이를 우선해 환경을 파괴하는 행위는 제 손으로 자기 목을 조르는 것임을 깨달아야 할 시기가 온 것입니다.

또한 불리한 위치에 있는 개발도상국 어린이와 가난한 사람들이 열악한 환경에서 적은 돈을 받으며 일한 덕에 엄청난 이익을 얻은 대기업도 있습니다.

그러한 방식으로 이익을 얻은 기업이 겉으로 보기엔 우수한 회사일 수도 있어요. 하지만 뒤에서는 환경을 파괴하며 가난한 사람에게 부당하게 적은 돈만 지불했다는 사실이 알려지면 사람들은 어떻게 생각할까요? 싼 가격에 좋은 상품이라 해도 진심으로 좋아할 수 없지 않을까요?

다음 페이지에서는 과거에 대기업이 일으킨 문제를 알아볼 거예요. 인간은 잘못을 저지르는 존재입니다. 중요한 것은 그 잘못을 반복하지 않으려 노력하는 것입니다.

알아두어야 할 개념

인권

'인권'은 인종이나 민족, 성별과 관계없이 행복하게 살기 위해 누구나 인정받아야 하는 기본적인 권리입니다. 하지만 지금도 여성이나 흑인, 장애인을 향한 차별이 있습니다. 불특정 다수의 사람이 이름을 숨기고 정보를 내보내는 인터넷에서 남을 모욕하는 일도 있으며, 여전히 다양한 인권 침해가 발생하고 있습니다.

인종 차별과 싸운 마틴 루터 킹 목사

출처: Shutterstock.com

9

기업이 만들어낸 공해로 지금도 많은 사람들이 고통받고 있어

대기 오염이나 수질 오염 같은 공해로
세계에서 매년 약 900만 명이 사망한다

출처: Shutterstock.com

- 공해는 왜 일어날까?
- 우리나라에서 발생한 공해 사고를 조사해 보자

★ 우리나라에서 발생한 「낙동강 페놀 오염사건」

낙동강 페놀 오염사건은 두산전자에서 1990년 10월부터 페놀이 다량 함유된 악성폐수 325톤을 무단방류해 전 영남지역의 식수원을 오염시킨 수질 오염 사건입니다.

이 과정에서 낙동강 수계에 있는 1천만 영남지역 주민들이 페놀 오염 수돗물로 극심한 고통을 겪어야 했습니다.

페놀 오염 사건은 마시는 물의 소중함을 일깨우고 환경문제가 곧 인간의 생존권 문제라는 사실을 머릿속에 각인시켰고 또 그동안 무분별한 개발 중심의 정부 정책이 환경 문제를 중요하게 고려하기 시작하게 된 기점이 됐다는 점에서도 의미가 크다고 할 수 있습니다. 특히 환경범죄의 처벌에 관한 특별조치법이 처음으로 만들어졌으며 공장 설립 시 환경 기준이 강화되는 등 건강권과 환경권에 대한 국민적 관심을 불러일으킨 계기가 되었습니다.

지금은 중국과 인도를 중심으로 개발도상국에서 발생한 공해가 건강과 환경에 악영향을 미치고 있어 문제가 되고 있습니다.

출처: 한국현대사사전, 두산백과

알아두어야 할 개념

전형 7 공해

환경 기본법에 따르면 사업 활동으로 인해 사람의 건강이나 생활환경에 상당한 범위의 피해를 미치는 것이 공해입니다. 그중에서도 ①대기 오염 ②수질 오염 ③토양 오염 ④소음 ⑤진동 ⑥지반 침하 ⑦악취를 들어 '전형 7 공해'라고 합니다.

전남 광양 제철소에서 배출되는 연기

출처: Shutterstock.com

10

아동 노동으로 만드는 유명 기업의 상품들

전 세계적으로 의무 교육도 제대로 받지 못한 채 법으로 금지하고 있는 위험하고 해로운 노동을 하는 18세 미만의 어린이가 많이 있다

출처: shutterstock.com

- 어린이는 왜 노동을 해서는 안 될까?
- 어린이가 만든 제품을 사도 될까?

★ 대기업도 잘못을 저지를 때가 있다

지금부터 20년도 더 지난 1997년에 일어난 일입니다. 전 세계 누구나가 알고 있는 인기 스포츠 브랜드 불매운동이 일어난 적이 있었습니다.

그 미국 기업은 당시 인건비가 싼 인도와 파키스탄에 공장을 짓고 축구공을 만들었어요. 기업이 이익을 내기 위해 임금이 싼 나라에서 제품을 만드는 것은 흔한 일입니다. 문제는 그 공장에서 어린이가 일하고 있다는 것(아동 노동)과 열악한 환경에서 부당하게 낮은 돈을 받으며 오랜 시간 일해야 하는 사람이 있다는 것이었어요. 제조 공장이 학교에 가야 할 아이들에게 일을 시킨 것입니다. 그곳에서 만들어진 제품을 팔아 이익을 얻은 곳은 나이키입니다. 이 사실이 밝혀지자 세계 각국에서 "아이들에게 일을 시켜 만든 나이키 제품은 사지 않을 거야!"라며 불매 운동이 시작되었어요.

그 후 나이키는 같은 잘못을 반복하지 않기 위해 노동 조건과 근로 환경 개선을 약속했습니다.

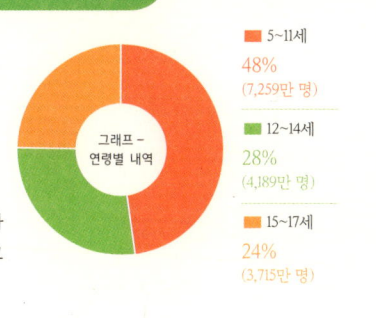

전 세계 아동 노동자의 수

DATA

노동하는 어린이의 수는 1억 5,162만 명
(5~17세 10명 중 1명)

2016년 시점에서 1억 5,162만 명의 어린이(5~17세)가 아동 노동자이며, 그중 7,252만 명이 위험한 노동을 하고 있습니다.

그래프 - 연령별 내역

- 5~11세 48% (7,259만 명)
- 12~14세 28% (4,189만 명)
- 15~17세 24% (3,715만 명)

출처: ILO(국제노동기구) 「Global Estimates of Child Labour: RESUTS AND TREMDS, 2012~2016」

제1장 우리 주위에 있는 다양한 문제를 이해하자

11

세계적 기업이 일으킨 노동 문제

직장에서 업무상의 문제로 자살한 사람이 2018년 487명에 이른다

출처: 2020 자살 예방백서 「중앙자살예방센터」

생각해 보자

- 어째서 일을 이유로 자살하는 걸까?
- 기업은 직원의 생명을 보호해 주지 않아도 될까?

★ 열악한 노동 환경으로 죽음을 선택하는 사람도 있다

아이폰이나 아이패드로 유명한 애플은 세계에서도 다섯 손가락 안에 드는 대기업입니다. 전 세계 사람들이 애플이 내놓는 스마트폰과 컴퓨터를 높이 평가하고 있어요.

애플은 폭스콘이라는 대만 기업에 상품 제조 대부분을 맡기고 있습니다. 폭스콘은 중국에 큰 공장을 가지고 있는데, 그곳에서 문제가 일어났어요.

열악한 노동 환경에서 일하고 있던 직원들의 자살이 이어지고 공장에서 폭발이 일어나는 등 다양한 문제가 드러난 것이지요. 그뿐 아니라 노동 감시 단체인 공정노동협회가 극단적인 장시간 노동이나 잔업 수당 미지불 같은 노동법 위반 행위가 있었음을 지적했습니다.

'과로사'라는 말이 있다는 것에서도 알 수 있지만, 지금 우리나라에도 '과로자살'이라는 말이 생겨났어요. 사람은 행복해지기 위해 일하는 거예요. 그런데 도를 넘어선 장시간 노동 때문에 몸과 마음이 모두 병들어 자살로 내몰린다면 너무도 불행한 일이에요.

알아두어야 할 개념

과로사

장시간 노동이나 과도한 업무 부담에서 오는 과로와 스트레스로 우울증 같은 정신 질환에 걸려 자살하거나 뇌나 심장에 병이 생겨 죽음에 이르게 되는 것을 말합니다. 일본에서 처음 문제가 되었기 때문에 영어사전에도 과로사의 일본어 발음에서 온 'karoshi'라는 단어가 실려 있습니다.

12

환경과 인권을 무시하면 사람들이 외면하게 될 거야

미국 영화제작사 와인스타인 컴퍼니는 경영자의 성범죄 문제를 계기로 도산했다

출처: Shutterstock.com

- 남이 싫어하는 일까지 하며 돈을 벌고 싶은 걸까?
- 돈을 버는 것과 환경·인권을 생각하는 것은 양립할 수 있을까?

★ 환경과 인권을 지키며 돈을 버는 것

지금까지 경제활동(=돈벌이) 때문에 일어나는 다양한 문제를 살펴보았습니다. 하지만 살아가기 위해서는 돈이 필요하지요. 돈을 버는 것은 나쁜 일일까요?

전형 7 공해를 일으키며 많은 사람들의 건강에 피해를 준 기업이나 개발도상국 어린이에게 상품을 만들게 하는 기업은 환경이나 인권보다 돈벌이를 우선하는 잘못을 저질렀습니다. 그 기업들은 피해자에게 거액의 배상금을 내거나 불매 운동으로 평판이 깎이는 등 사회적 제재를 받으며 큰 대가를 치렀지요. 환경과 인권을 생각하지 않는 기업은 신용을 잃고 소비자에게 외면받습니다. 실제로 경영자의 성범죄가 밝혀지며 사회적 신용을 잃고 도산한 와인스타인 컴퍼니 같은 기업도 있습니다.

기업을 유지하기 위해 돈을 버는 것이 나쁘다는 말이 아닙니다. 돈을 벌 때도 환경과 인권을 생각할 필요가 있다는 것입니다.

알아두어야 할 개념

#MeToo 운동

와인스타인 컴퍼니의 경영자인 하비 와인스타인이 여배우들에게 저지른 성추행과 성적 폭행이 발각되자 SNS에서 "나도 그래"라며 피해를 고발하는 '#MeToo(나도) 운동'이 활발해지며 사회 문제가 되었고, 이를 계기로 와인스타인 컴퍼니는 경영이 악화하여 도산하게 되었습니다.

출처: Shutterstock.com

13

나는 부족한 것이 없으니까 주위는 아무래도 좋을까?

같은 어린이인데 태어난 나라가 다르다는 이유만으로 살아가는 환경에 큰 차이가 생긴다

? 생각해 보자

- 10대에 군인이 되어야 하는 어린이의 심정을 상상해 보자
- 나에게 주어진 것은 많을까? 부족할까?

★ 학교에 가지 못하고 군인이 되어야 하는 어린이들

전 세계에는 학교에 다닐 수 없는 어린이들이 많아요. 분쟁 지역에는 살고 있던 곳에서 쫓겨나 난민이 된 사람들도 있고, 집이 가난해 충분히 먹을 수 없는 사람도 있습니다.

또한 중동이나 아프리카에는 초등학교에 갈 나이임에도 '소년병'이 되어 총을 들고 전쟁터 가장 앞에 서야 하는 소년·소녀가 있습니다. 유괴당해 몸에 폭탄을 두르고 '인간 폭탄'이 되어 시장에서 희생되고 만 소녀도 있어요.

한편 우리는 의무교육 덕분에 모두가 학교에 다닐 수 있고, 비록 휴전 중이기는 하지만 당장 전쟁터에 나가야 하는 것도 아니에요. 굶어 죽는 사람도 거의 없고, 다양한 취미 활동을 즐기며 즐겁게 지내는 사람도 있어요.

태어난 나라나 가정이 다르다는 이유만으로 큰 차이가 생깁니다. 지금 세계가 놓인 현실이에요. 이런 가혹한 격차를 그냥 두어도 괜찮을까요? 풍족한 환경에서 태어나지 못한 어린이들은 학교에 가지 못하고 늘 배고파야 하는 상황을 받아들여야만 하는 걸까요?

예멘에서 군인이 된 어린이의 수

DATA

분쟁이 심각해진 2015년 3월 이후
약 1,500명의 소년이
군인이 된 중동 국가 예멘

예멘에서는 학교에 가야 할 15세 전후의 소년들이 납치당한 후 군인이 되어 연필이 아닌 총을 들고 전쟁터에 서 있습니다.

출처: Shutterstock.com

14

똑같이 지구에서 태어났는데 이렇게 차이가 있어도 괜찮아?

억만장자 2,153명이 가진 재산이
세계 인구의 약 60%인
46억 명이 가진 재산을 합친 것보다 크다

출처: 옥스팜 인터내셔널

- 부유한 사람과 가난한 사람의 차이에 대해 어떻게 생각해?
- 가까운 곳에서 빈부의 격차를 느낀적 있어?

★ 세계에는 상상을 뛰어넘는 격차가 있다

지금 세계에 존재하는 다양한 격차가 문제가 되고 있습니다. 그 대표적인 것이 부자와 그렇지 못한 사람의 경제 격차입니다.

국제 NGO인 옥스팜 인터내셔널의 보고서에 따르면 세계에서 10억 달러(약 1조 2억 원) 이상의 자산을 가진 사람의 수는 과거 10년 동안 두 배로 늘어났다고 합니다. 2019년 시점 세계에서 가장 부자인 이들 2,153명이 가진 재산이 지구 전체 인구 77억 명의 60%에 해당하는 46억 명의 재산을 합친 것보다 더 많은 셈이에요. 또 세계에서 가장 부유한 남성 22명의 재산을 합치면 아프리카에 사는 모든 여성의 재산을 합친 것보다 많다고 합니다. 또한 세계 인구의 약 절반이 하루 5.5달러(약 6,500원) 이하로 생활하고 있다고 밝혔습니다.

우리나라 안에서도 부자와 그렇지 못한 사람의 차이를 느낄 때가 있을 거예요. 하지만 세계 전체를 보면 우리는 상상도 하지 못할 정도의 극단적인 격차가 있습니다. 이런 격차가 있는 게 당연할까요? 그렇지 않으면 이상한 일일까요?

세계에서 가장 부자인 사람

DATA

Amazon 창업자의 순자산은
약 133조 원
(1,130억 달러)

미국 잡지 「포브스」에 따르면 2019년 세계 제일의 부자는 아마존을 창업한 제프 베조스입니다.

제프 베조스

출처: Shutterstock.com

15

지금부터 지구에 사는 다른 누군가가 되어야 한다면?

세계에서 남녀가 가장 평등하다는 아이슬란드에서도 완전한 평등은 아직 실현되지 않았어!

? 생각해 보자

- 내가 정말 바라는 세상을 생각해 보자
- '만약 가난한 나라에서 태어났다면 어땠을까?'를 상상해 보자

★ 내가 정말 바라는 세상을 생각해 보자

아프리카나 남아시아에는 배고픔으로 고통받는 사람들이 많이 있습니다. '난 거기서 태어나지 않아서 다행이야'라고 생각할지도 모릅니다. 현재 집에 여유가 있다면 '우리 집에서 태어나서 다행이야', 현재 집이 가난하다면 '부잣집에서 태어나고 싶었는데'처럼 여러분도 지금 상황에 따라 여러 가지 생각을 할 거예요. 세계는 평등해지고자 노력하고 있지만 태어난 나라나 집안 사정에 따라 주어진 상황이 크게 바뀌는 것이 현실입니다. 만약 여러분이 다른 누군가가 되어야 한다면 어떤 사람이 좋을지 생각해 봅시다.

다만 되고 싶은 사람을 고를 수는 없어요. 안전하게 관리된 화장실을 사용할 수 있는 35억 명이 될 가능성보다 그렇지 못한 42억 명 안에 들어갈 가능성이 높겠지요. 앞에서 말한 부를 가진 2,153명 중 1명으로 바뀔 가능성은 아주 낮을 거예요.

어떤 사람이 될지 고를 수 없다면 모두가 큰 차이 없이 풍족하게 사는 평등한 세상에서 태어나고 싶을 거예요. 남자로 태어날지 여자로 태어날지 알 수 없다면 남녀 차별이 있는 세상은 바라지 않겠지요? 바로 그것이 여러분이 정말 바라는 세계일지도 모릅니다.

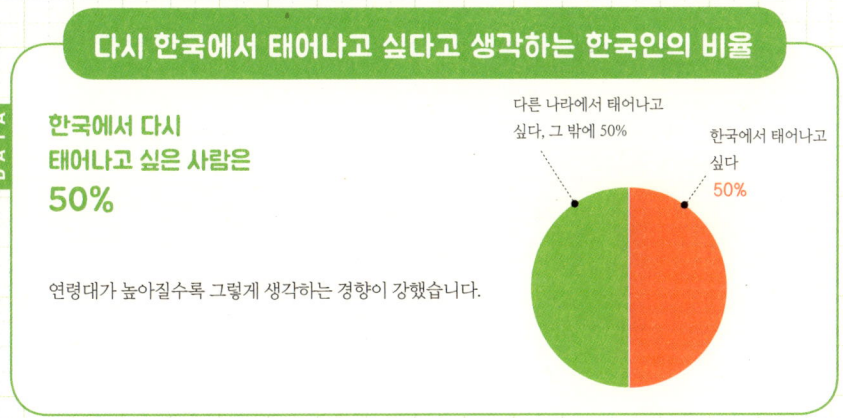

출처: 한국일보 「한국인 40% 다시 이땅에 태어나고 싶지 않아」 (2016.1.19)

COLUMN

태국에는 성별이 18개나 있다고!?

동남아시아에 위치한 나라 태국에는 다음과 같은 18개의 성별이 있다고 합니다. 이 복잡한 성별을 어떻게 바라봐야 할까요?

❶남성(여성을 좋아하는 남성) ❷여성(남성을 좋아하는 여성) ❸톰(여성이나 디를 좋아하는 남성 차림을 한 여성) ❹디(남자 같은 여성이나 톰을 좋아하는 여성) ❺톰게이(여성, 톰, 디를 좋아하는 여성) ❻톰게이킹(톰을 좋아하는 남성스러운 톰) ❼바이(바이, 톰, 레즈비언, 남성을 좋아하는 여성) ❽보트(여성, 게이퀸, 게이킹을 좋아하는 남성) ❾게이퀸(남성을 좋아하는 여성스러운 남성) ❿게이킹(남성을 좋아하는 남성스러운 남성) ⓫톰게이투웨이(톰게이킹도, 톰게이퀸도 될 수 있는 톰) ⓬톰게이퀸(톰을 좋아하는 여성스러운 톰) ⓭레즈비언(여성을 좋아하는 여성) ⓮레이디보이(여성이 되고 싶은 남성) ⓯아담(톰을 좋아하는 남성) ⓰안지(톰을 좋아하는 레이디보이) ⓱체리(게이퀸, 게이킹, 레이디보이를 좋아하는 여성) ⓲삼얀(여성, 레즈비언, 톰을 좋아하는 여성)

제 2 장

유엔이 정한 세계 공통 목표, SDGs란 무엇일까? →

1

SDGs (지속가능발전목표)란?

 목표 1 빈곤층 감소와 사회 안전망 강화

 목표 2 식량 안보와 지속가능한 농업

 목표 3 건강하고 행복한 삶

 목표 4 모두를 위한 양질의 교육

 목표 5 성 평등 보장

 목표 6 건강하고 안전한 물 관리

 목표 7 에너지의 친환경적 생산과 소비

 목표 8 좋은 일자리 확대와 경제 성장

 목표 9 산업 혁신과 사회기반시설 확충

 목표 10 모든 종류의 불평등 해소

 목표 11 지속가능한 도시와 주거지

 목표 12 지속가능한 생산과 소비

 목표 13 기후변화 대응

 목표 14 해양생태계 보전

 목표 15 육상생태계 보전

 목표 16 인권·정의·평화

 목표 17 지구촌 협력 확대

출처: 유엔글로벌콤팩트

★ 2030년까지 달성하고자 하는 세계의 목표

　세계는 빈곤과 인종 차별, 환경 파괴 같은 다양한 문제에 직면해 있습니다. 이러한 세계적 규모의 문제를 해결하기 위해 '단 한 사람도 소외되지 않는 것'이라는 공통 이념 아래 국제연합(유엔)이 2030년까지 193개 가맹국이 달성하기 위해 노력해야 하는 국제 목표로 정한 것이 SDGs입니다. SDGs는 'Sustainable Development Goals(지속가능발전목표)'의 머리글자를 딴 약칭으로 17개의 목표가 정해져 있습니다.

　예를 들어 목표 1. '빈곤층 감소와 사회 안전망 강화', 목표 2. '식량 안보와 지속가능한 농업', 목표 4. '모두를 위한 양질의 교육'처럼 다양한 목표를 내걸고 있습니다. '빈곤층 감소'가 목표가 된 것은 '없애야 할 빈곤이 있다'라는 뜻이지요. '식량의 안전보장'이 목표인 것은 '굶주리는 사람이 있기' 때문입니다. 17개 목표는 지금 세계적으로 이렇게 많은 문제가 있다는 것을 보여주는 셈입니다.

　17개 목표의 구체적인 내용은 '부록(105페이지)'에서 소개하고 있습니다.

알아두어야 할 개념

국제연합(유엔)

국제연합(유엔)은 '국제 평화와 안전 유지', '국가 간 우호 관계 증진', '국제문제 해결과 인권 증진 촉진 협력', '각 나라의 행동을 조정하는 중심적 역할 수행'이라는 네 가지 목표를 위해 1945년에 만들어졌으며 미국 뉴욕에 본부가 있습니다.

유엔기

2

SDGs에는 17개의 목표와 169개의 세부 목표가 있어

1 빈곤층 감소와 사회 안전망 강화

모든 장소에 있는 모든 형태의 빈곤을 없앤다

목표 내용에 관한 세부 목표

1.1	2030년까지 하루에 1.25달러 미만으로 생활하는 심각한 빈곤을 모든 장소에서 없앤다.
1.2	2030년까지 빈곤 상태에 있는 사람의 비율을 반으로 줄인다.
1.3	2030년까지 빈곤층과 취약계층을 위한 충분한 보호를 달성한다.
1.4	2030년까지 모든 사람이 금융 서비스와 경제적 자원을 평등하게 누릴 권리를 확보한다.
1.5	2030년까지 빈곤층과 취약계층의 경제적·사회적·환경적 충격과 재해 취약성을 줄인다.

출처: 유엔글로벌콤팩트

★ '목표'를 더욱 구체적으로 알려주는 '세부 목표'

　SDGs의 17개 목표 밑에는 저마다 '이상적인 미래의 모습을 더욱 구체적으로' 보여주는 169개의 '세부 목표'가 있습니다(105페이지 '부록' 참조). 예를 들어 목표 1의 세부 목표는 '1.1, 1.2…', '1.a, 1.b…', 목표 2의 세부 목표는 '2.1, 2.2…', '2.a, 2.b…'입니다. 이처럼 숫자로만 이루어진 것과 숫자와 알파벳으로 쓰인 것 두 종류가 있어요. 특히 알아두어야 할 것은 '1.1, 1.2…'처럼 숫자로만 표기된 '목표 내용에 관한 세부 목표'입니다.

　예를 들어 목표 1. '빈곤층 감소와 사회안전망 강화'의 세부 목표를 보면 '1.1'은 '하루에 1.25달러 미만으로 생활하는 심각한 빈곤을 모든 장소에서 없앤다', '1.2'는 '빈곤 상태에 있는 사람의 비율을 반으로 줄인다'입니다. 세부사항을 살펴보면 각각의 목표가 구체적으로 무엇을 가리키는지 잘 알 수 있답니다.

　17개 목표의 세부 목표는 부록(105페이지)에서 설명하고 있습니다.

알아두어야 할 개념

취약

취약은 '무르고 약하다'는 뜻입니다. '취약계층'이란 대다수의 다른 사람과 비교해 눈에 띄게 불리하고 손해를 보기 쉬운 처지에 놓인 사람이나 집단을 가리킵니다. 불교 신자가 주류인 미얀마에서 심각한 박해를 받는 이슬람계 소수민족 로힝야족은 취약계층이라고 할 수 있어요.

나라에서 쫓겨나는 로힝야족 사람들

출처: Shutterstock.com

3

'지속가능'이 무슨 뜻이야?

지속가능한 발전이란?

환경보호
환경을 지키는 것

사회적 포섭
사회적으로 불리한 위치에 있는 사람도 포함해서 한 사람 한 사람의 인권을 존중하는 것

지속가능한 발전

경제 개발
경제 활동을 통해 부와 가치를 만들어내는 것

출처: 지속가능발전목표(SDGs) 추진본부 「지속가능발전목표 실시 지침」

★ 핵심은 '지속가능성'

SDGs의 'S'는 'Sustainable'의 머리글자입니다. 지속하다는 뜻의 'sustain'과 가능하다는 뜻의 'able'이 합쳐진 말로 '지속가능한', '계속해갈 수 있는'이라는 의미입니다.

지금 세계는 SDGs를 달성하여 '지속가능한 발전'을 이루려 하고 있습니다. 왼쪽 페이지를 보면 알 수 있듯 '지속가능한 발전'은 '환경보호', '사회적 포섭', '경제 개발'이라는 세 가지 요소가 조화되어야 실현될 수 있습니다. 쉽게 말해 환경을 지키고 모든 사람의 인권을 존중하면서 경제 발전을 해나가야 한다는 뜻입니다. 거꾸로 생각하면 이 세 요소 중 하나라도 빠지면 지속이 어렵다는 이야기입니다.

예를 들어 매장량에 한계가 있는 석유를 계속 써서 없애버리면 석유를 사용한 화력 발전은 불가능해지지요. 한편 태양광 발전을 아무리 이용해도 태양은 없어지지 않아요. 석유처럼 이산화탄소를 내보내지도 않고요. 석유는 지속 가능하지 않지만, 태양광은 지속가능성이 높다고 할 수 있습니다. 이처럼 다양한 분야에서 지속가능성을 생각하는 것이 SDGs입니다.

알아두어야 할 개념

사회적 포섭

'사회적 포섭'은 어렵게 느껴지는 말이지만 '사회적 배제'의 반대 개념이라고 생각하면 이해하기 쉬울지도 몰라요. 어린이, 장애인, 노인층, 난민, 이민자처럼 불리한 위치에 있는 사람들이 소외당하지 않고 사회에 참여해 저마다가 가진 잠재 능력을 발휘할 수 있는 환경을 만들자는 뜻입니다.

소말리아 난민 캠프

출처: Shutterstock.com

4

왜 SDGs를 달성하려고 노력해야 할까?

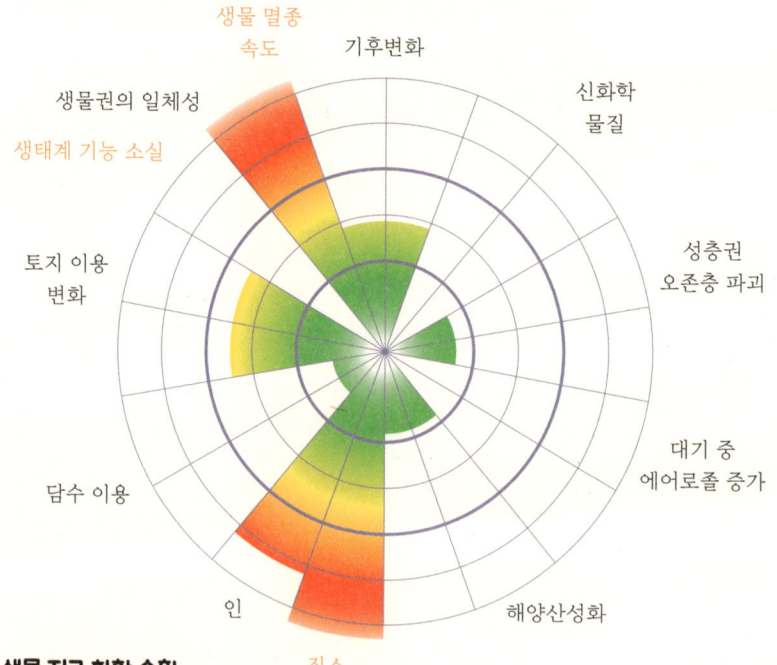

출처: Will Steffen et al. 「Planetary boundaries : Guiding human development on a changing planet」

★ 이대로는 지구가 버틸 수 없다!

그렇다면 왜 SDGs를 달성하려고 노력해야 하는 걸까요?

간단히 말해 이대로는 지구가 버틸 수 없기 때문입니다. 인간이 이익만 생각하며 환경 파괴를 계속하면 생물 다양성은 사라지고 자연이 주는 혜택을 더 이상 누릴 수 없게 될 거예요. 경제도 중요하지만, 환경을 소홀히 여기면 반드시 사람에게 악영향이 돌아옵니다.

왼쪽 페이지에 실린 '지구 위험 한계선(Planetary Boundaries)'은 몇 항목에서 지구가 이미 한계에 도달했다고 경고하고 있어요. 예를 들어 지구 반대편에 있는 아마존 열대 우림은 '지구의 허파'라고 불리며 대기를 깨끗하게 해주는 역할을 맡아왔어요. 하지만 개발이라는 구실로 삼림이 점점 베어지고 있어요.

지구 반대편에서 일어나는 일이지만 우리가 모두 같은 '지구인'이라고 생각하면 상관없다고만은 할 수 없어요. '우리만 괜찮으면 됐지' 하고 나 몰라라 할 순 없습니다. 그렇게 생각하면 SDGs는 우리 인류와 지구를 지키기 위해 꼭 달성해야 하는 목표라는 것을 절실히 느낄 수 있지 않나요?

알아두어야 할 개념

생물 다양성

쉽게 말해 다양한 생명이 존재하는 것이 '생물 다양성'입니다. 하지만 자연환경이 악화하여 야생동물이 살아갈 곳을 잃고 멸종하는 등 생물 다양성은 빠른 속도로 줄어들고 있어요. 우리 인간 역시 다른 많은 생명체와 관계를 맺으며 살고 있다는 사실을 잊어서는 안 됩니다.

5

SDGs의 '다섯 개의 P'란?

① **People(사람)** 가난을 해결하고 건강하게

② **Prosperity(번영)** 경제적으로 풍족하며 안심하고 살 수 있는 세계로

③ **Planet(지구)** 자연과 공존하며 지구 환경을 지킨다

④ **Peace(평화)** 다툼 없는 평화를 아는 것에서 실현으로

⑤ **Partnership(파트너십)** 모두 함께 힘을 모으자

출처: KoFID, KOICA 「알기 쉬운 지속가능발전목표 SDGs」

★ SDGs의 목표는 다섯 개로 나눌 수 있다

17개 목표를 '다섯 개의 P'로 정리하면 SDGs를 이해하기 쉬워집니다. 간단히 요약하면 다음과 같습니다.

① People(사람) - 모든 사람의 인권이 존중받고 평등해집니다. 빈곤과 기아를 없애고 성 평등을 이루며 모든 사람에게 교육, 물과 위생, 건강한 생활을 보장합니다.

② Prosperity(번영) - 모든 사람이 풍요롭고 충실한 생활을 누릴 수 있도록 자연과 어우러지는 경제, 사회, 기술 발전을 확보합니다.

③ Planet(지구) - 지속가능한 소비와 생산, 천연자원의 지속가능한 관리, 기후변화 긴급 대책 등을 통해 지구의 소모를 막아 현재와 미래 세대의 수요를 감당하게 합니다.

④ Peace(평화) - 평화롭고 공정하며 공포와 폭력이 없는 세계, 모든 사람이 자기 자리를 찾아 참여할 수 있는 포괄적인 세계를 만들어갑니다.

⑤ Partnership(파트너십) - 연대를 강화하고자 하는 전 세계 사람들의 정신에 기초해 세계적 규모의 파트너십을 통해 SDGs를 실현합니다.

알아두어야 할 개념

파트너십

파트너십은 '협력 관계, 협력, 연대'라는 의미를 가진 말입니다. SDGs는 누가 혼자 노력한다고 이룰 수 있는 것이 아닙니다. SDGs를 달성하기 위해서는 한 사람보다는 여러 사람이, 한 나라보다는 많은 나라가, 즉 전 세계 사람들의 파트너십이 꼭 필요합니다.

6

이대로는 SDGs를 달성하기 힘들어

SDGs 달성 상황

2015년 시점에서 하루 1.90달러 미만으로 생활하는 심각한 빈곤 상태에 있는 사람은 7억 3,600만 명.

영양이 부족한 사람의 수는 2015년 7억 8,400만 명에서 2017년 8억 2,100만 명으로 증가.

남아시아에서는 여자 어린이가 성년이 되기 전에 결혼할 위험이 2000년 이후 40% 이상 감소.

2017년 시점에서 7억 8,500만 명이 여전히 기본적인 식수를 제공받지 못하고 있으며 6억 7,300만 명이 야외에서 용변을 보고 있음.

2017년 시점에서 8억 4,000만 명이 전기를 이용하지 못하고 있으며 그중 87%는 농촌 지역에서 생활함.

출처: 국제연합홍보센터 「지속가능개발목표(SDGs) 보고 2019」

★ 서두르지 않으면 달성은 저 멀리로

유엔은 매년 SDGs 달성 결과를 보고서로 만들어 공개하고 있습니다. 2019년 6월에 발표된 「2019년 판」에서는 "사람들의 생활은 대체로 10년 전보다 나아졌지만, (중략) 2030 의제의 목표를 달성할 수 있는 속도로 진행되지는 않았다"라며 기대에 못 미친다고 지적했습니다.

세계 인구 중 전력을 이용할 수 있는 사람의 비율은 2010년 83%에서 2017년 89%로 늘었습니다. 하지만 아직 11%(약 8억 4,000만 명)가 전력 없이 생활하고 있다는 것입니다.

오히려 악화한 것도 있습니다. 목표 2. '식량안보와 지속가능한 농업'의 경우 전 세계에서 영양부족 상태에 있는 사람의 수는 2015년 7억 8,400만 명에서 2017년 8억 2,100만 명으로 늘어났습니다.

SDGs의 목표는 '단 한 사람도 소외되지 않는 것'입니다. 상황이 나아져서 전력을 사용할 수 있는 사람이 늘었다 해도 그럴 수 없는 사람이 한 명이라도 있으면 안 되는 거예요. 그런 관점에서라면 이상적인 미래를 위해 할 일이 아직도 많이 남아 있다는 것을 알 수 있어요.

알아두어야 할 개념

2030 의제

의제는 '회의에서 의논할 문제'라는 뜻입니다. '2030 의제 (우리의 세계를 개혁한다: 2030 지속가능발전 의제)'는 2015년 9월 유엔 본부에서 열린 '유엔 지속가능발전회의'에서 채택된 SDGs 행동 계획입니다.

지속가능발전회의

출처: Shutterstock.com

7

SDGs의 기초가 된 MDGs(새천년개발목표)

목표 1 극도의 빈곤과 기아 박멸
세부목표 1990년에서 2015년까지 하루에 1달러 미만으로 생활하는 사람들의 비율을 반으로 줄인다.

목표 2 초등 교육 완전 보급 달성
세부목표 2015년까지 모든 어린이가 남녀 구별 없이 초등 교육 전 과정을 수료할 수 있게 한다.

목표 3 성 평등 추진과 여성의 지위 향상
세부목표 가능하면 2005년까지는 초등 및 중등 교육에서, 2015년까지는 모든 교육 수준에서 남녀 격차를 해소한다.

목표 4 아동 사망률 경감
세부목표 1990년에서 2015년까지 5세 미만 아동의 사망률을 3분의 1로 줄인다.

목표 5 임산부의 건강 개선
세부목표 2015년까지 임산부 사망률을 1990년의 4분의 1로 줄인다.

목표 6 HIV/에이즈, 말라리아, 그 외의 질병 만연 방지
세부목표 2015년까지 HIV/에이즈의 만연을 막고, 감소시킨다.

목표 7 환경의 지속가능성 확보
세부목표 지속가능한 발전 원칙을 각 나라의 정책과 프로그램에 반영시키고, 환경 자원의 고갈을 막으며 회복을 꾀한다.

목표 8 발전을 위한 글로벌 파트너십 만들기
세부목표 개방적이고 규칙을 지키며 예측할 수 있고 차별 없는 무역 및 금융 시스템을 더욱 충실히 하기 위해 노력한다.

★ SDGs를 통해 전 세계가 노력해야 할 과제로

 '불쌍하니까 가난한 사람들을 도와주자'고 생각하는 것은 나쁘지 않아요. 하지만 SDGs는 '잘사는 선진국이 가난한 개발도상국을 도와주는' 단순한 것이 아닙니다.

 사실 2015년 SDGs가 생기기 전에 만들어진 MDGs(새천년개발목표, 왼쪽 페이지 참고)는 여덟 개의 목표로 이루어져 있습니다. 이것은 주로 선진국이 주도해서 2015년까지 달성해야 할 개발도상국의 목표를 만들어둔 것이었어요.

 심각한 빈곤에 빠진 사람의 수가 19억 명(1990년)에서 8억 3,600만 명(2015년)으로 반 이상 줄어드는 등 어느 정도 성과를 거두었지만, 모든 목표를 달성하지는 못했기 때문에 남은 과제는 SDGs가 이어받았습니다.

 SDGs가 MDGs와 가장 다른 점은 세계적 규모의 과제가 늘어남에 따라 선진국을 포함한 전 세계가 노력해야 할 목표로 만들어졌다는 거예요. 모든 나라와 전 세계 사람들이 문제 및 과제 해결에 나서야 하는 당사자가 된 것이지요.

알아두어야 할 개념

MDGs(새천년개발목표)

2000년 9월에 채택된 '새천년선언'에 기초해 완성된 국제사회 공통 목표가 'MDGs'입니다. 심각한 빈곤과 기아 박멸처럼 2015년까지 달성해야 할 여덟 개 목표를 내걸었지만, 달성하지 못한 목표도 많았어요. 그 내용은 SDGs로 이어졌습니다.

MDGs 로고 마크

8

모두가 SDGs 관계자

SDGs는 '단 한 사람도 소외되지 않는' 세계를 실현하고자 한다!

★ 상상 이상으로 서로 연결된 세계!

유엔이 정한 국제 공통 목표인 SDGs는 '단 한 사람도 소외되지 않는' 세계를 실현하고자 합니다. 간단히 말하면 지구에 사는 모두가 수도와 전기를 쓸 수 있고, 학교에 다니며, 끼니를 걱정하지 않아야 한다는 거예요.

G7(주요 7개국 모임)과 우리나라에서는 그 많은 것들이 갖춰져 있을 거예요. 하지만 나만 잘살면 다른 사람은 어떻든 상관없다고 생각해도 좋을까요?

예를 들어 우리나라는 전 세계로 다양한 물건을 수출하고 있습니다. 빈곤에 허덕이는 나라의 사람들이 끼니 걱정을 하지 않고 보람찬 일자리를 찾아서 돈을 더 벌 수 있다면, 우리나라에서 만든 물건을 더 많이 팔 수 있을지도 몰라요. 먼 나라에 사는 사람이 버린 쓰레기가 우리 바다로 흘러들어와 해양 오염의 원인이 될지도 모르고요.

상상력을 동원하면 세계 모든 사람들이 어떻게 연결되어 있는지 보이기 시작할 거예요. 그러니 더욱 전 세계 사람들이 힘을 합칠 필요가 있고, 우리 중 누구도 SDGs와 관계없는 사람은 아무도 없는 겁니다.

알아두어야 할 개념

G7(주요 7개국 모임)

프랑스, 미국, 영국, 독일, 일본, 이탈리아, 캐나다 등 일곱 개의 선진국을 가리킵니다. 예전에는 러시아를 포함해 G8이었지만, 2014년 우크라이나가 통치하는 크림반도의 주권과 영토를 러시아가 침해하며 선진국 모임에서 제외되었어요.

G7 국가의 국기

9

SDGs는 다양한 문제를 동시에 해결한다

식품 손실 삭감 사례로 동시 해결을 생각해 보자

 다 먹을 수 없을 만큼 많은 물고기를 잡지 말자
마구잡이 어업에 종사하는 사회나 나라에서 물고기를 사지 말자

↑ 동시 달성

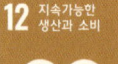 **세부 목표 12.3** (131페이지 참고)

전 세계의 소매 및 소비자 수준에서 1인당 식품 폐기물을 반으로 줄이고, 수확 후 생산 및 유통 과정에서 발생하는 식품 손실을 줄인다.

↓ 동시 달성

 식품은 유통기한을 넘기기 전에 무료 급식소에 기증해 활용하자

식품 손실을 줄이려는 노력이 어떤 목표와 연결될지 상상력을 동원해 생각해 보자!

★ 가능한 한 모든 목표를 달성할 수 있게 노력하자

SDGs를 생각할 때는 어떤 목표를 이루기 위해 다른 목표를 희생하는 일은 피해야 해요.

예를 들어 직업이 없어 돈을 못 버는 사람에게 새 일자리를 주기 위해 숲을 베어 밭을 만들었다고 생각해 봅시다. 밭이 생겨서 농작물을 키우게 되면 이 사람은 돈을 벌 수 있을 거예요. 하지만 함부로 숲을 없애면 목표 15. '육상생태계 보전'을 달성하기 어려워지겠지요. 어딘가에서 숲을 없앴다면 다른 곳에 나무를 심어야 합니다. 숲을 없애는 대신 경작을 쉬고 있는 땅을 이용할 수도 있어요. 이렇듯 다른 목표가 희생되지 않게 고민하고 노력해야 합니다.

SDGs가 내건 17개 목표는 서로 복잡하게 얽혀 있기 때문에 여러 개의 목표를 동시에 달성해야 합니다. 예를 들어 '식품 손실을 줄이자'는 목표 12. 달성에 도움이 되면서 목표 2. '식량안보와 지속가능한 농업'이나 목표 14. '해양생태계 보전'의 달성으로도 이어집니다. 그때 중요한 것이 모두 함께 협력하는 것입니다. 한 사람보다는 두 사람, 두 사람보다는 세 사람이 같이 노력해야 더 큰 결과를 기대할 수 있으니까요.

SDGs 인지도 조사

DATA

국내인지도 조사
상반기 41.2% → 하반기 26.3%로
줄어 (2018년 실시)

2018년에 실시된 SDGs 국내인지도 조사에서 SDGs를 모른다고 대답한 비율은 상반기 41.2%에서 하반기 26.3%로 줄었습니다.

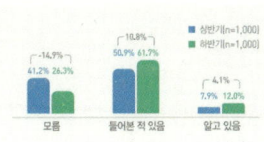

출처: 환경부 지속가능발전위원회 「국가 지속가능발전목표 수립 보고서 2019」

10
할 수 있는 일부터 시작하자

일상생활 속에서 할 수 있는 일도 많다
자기가 할 수 있는 일을 생각하고 행동하자

★ 모든 목표에 다 참여하지 않아도 좋다

　　SDGs에는 17개의 목표가 있지만, 처음부터 모든 목표에 다 참여하지 않아도 괜찮아요. SDGs 중에는 국가나 기업이 아니면 행동으로 옮길 수 없는 큰 목표도 있으니 우선은 학생인 우리가 '할 수 있는 것', '할 수 있어 보이는 것'부터 노력하면 된답니다.

　　예를 들어 물을 아껴 쓰려고 노력하면 목표 6. '건강하고 안전한 물관리'에 도움이 되고, 물건을 살 때 에코백을 사용하면 바다에 버려지는 플라스틱을 줄일 수 있으니 목표 14. '해양생태계 보전'에 공헌할 수 있습니다.

　　또 아직 SDGs를 모르는 친구에게 SDGs가 무엇인지 알려주는 것은 어떤 목표에도 해당하지 않을지 모르지만 SDGs 보급에 도움이 된다고 할 수도 있습니다. SDGs는 스스로 할 수 있는 일이 무엇인지 생각하며 행동하는 것이 중요합니다.

　　17개 목표 모두를 실행하려고 하면 곧 벽에 부딪힐 거예요. 우선 도울 수 있는 목표를 위해 먼저 노력하고, 지속할 수 있는 발전으로 이어갈 수 있게 하면 된답니다.

알아두어야 할 개념

에코백

예전에는 돈을 받고 판매해 왔던 일회용 비닐봉지가 2019년 4월부터는 대형 마트 및 백화점 등에서 사용이 금지되었습니다.(비닐봉지는 2020년 7월 1일부터 전국적으로 유료화 됨) 일회용 비닐봉지를 대신해 반복해서 쓸 수 있는 쇼핑용 가방이 '에코백'입니다. 요즘에는 디자인이 멋지고 기능이 뛰어난 것도 늘고 있습니다.

출처: Shutterstock.com

11

우리나라의 SDGs 달성률은 세계 18위

한국의 SDGs 달성률(2019년)

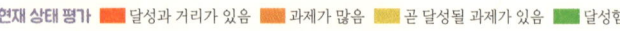

현재 상태 평가: ■ 달성과 거리가 있음 ■ 과제가 많음 ■ 곧 달성될 과제가 있음 ■ 달성함

현재 상태 경향: ↓ 악화 → 현재 상태 유지 ↗ 개선 ↑ 달성 혹은 달성 예정 ― 불명

출처: SDSN, 독일 베텔스만 재단 「The Sustainable Development Report 2019」

★ 아직 갈 길이 먼 '성 평등'

　세계 각 나라의 SDGs 달성 상황을 분석한 보고서가 발표되었습니다. 2019년 6월에 발표된 2019년 보고서에서 한국은 162개국 중 18위였습니다. 상위국세 곳은 덴마크, 스웨덴, 핀란드 같은 북유럽 나라가 차지했습니다. 세계 1위의 경제 대국 미국은 35위, 경제 규모 2위인 중국은 39위였습니다.

　보고서는 또한 17개 목표 달성 상황을 나라마다 4단계로 평가하고 있습니다. 우리나라가 달성한 것은 아쉽게도 아직 없습니다. 반면 목표 5. '성 평등 보장', 목표 13. '기후변화 대응', 목표 17. '지구촌 협력 확대'는 '달성과 거리가 있음'이라는 가장 나쁜 평가를 받았습니다.(왼쪽 페이지 참고)

　유리천장이란 말을 들어보았나요? '눈에 보이지는 않지만, 결코 깨뜨릴 수 없는 장벽'이라는 의미로, 충분한 능력과 자질을 갖추었음에도 조직 내에 관행처럼 굳어진 부정적 인식으로 인해 여성이 조직 내 고위직으로의 승진이 차단되는 상황을 비판적으로 표현한 말입니다. 우리나라 공공기관인 농수산식품유통공사, 농어촌공사, 마사회 등 3개 기관 전체 실·처장급 197명 중 여성은 겨우 3명(1.5%)뿐이고, 부장급도 5.2%에 그친다고 합니다. 특히 남녀 간의 급여 격차를 비롯한 여성에 대한 불평등이 심각한 수준입니다.

출처: 두산백과, 머니투데이 「말로만 양성평등 외치는 공공기관 '유리천장' 높아」 (2021.10.14)

젠더 갭 지수

DATA

거대한 남녀 격차, 세계 108위

각 나라의 남녀 격차를 가늠하는 젠더 갭 지수(GGI, 2020년)를 보면 우리나라의 수치는 0.672입니다. 153개의 나라 중 108위로 하위권에 머물러 있습니다.

순위	국명	GGI
1	아이슬란드	0.877
2	노르웨이	0.842
3	핀란드	0.832
53	미국	0.724
106	중국	0.676
108	한국	0.672
121	일본	0.652

※ 0~1 사이의 숫자로 나타낸다.
0은 완전 불평등, 1은 완전 평등을 의미한다.

출처: 세계경제포럼, 동 출처에서 한국 자료 추가 http://www3.weforum.org/docs/WEF_GGGR_2020.pdf

COLUMN

신토불이가 SDGs에 도움이 된다?

'신토불이'란 '몸과 태어난 땅은 하나'라는 뜻입니다. 자기가 사는 곳에서 생산된 음식이 자기 몸에 잘 맞는다는 의미입니다.

신토불이 정신은 여러 의미에서 SDGs에 도움이 됩니다. 우선 지역에서 생산된 것을 그 지역 식탁에서 소비하면 장거리 운반을 할 필요가 없어집니다. 해외에서 수입하는 등 장거리 운송을 하면 비행기나 배, 자동차 연료를 사용해야 하기 때문에 지구온난화의 원인이 되는 온실가스가 대량으로 발생하는데, 그것도 크게 줄일 수 있습니다. 지역에서 바로 소비하면 신선한 식품을 먹을 수 있고, 운송 시간이 짧아진 만큼 판매 시간은 길어질 테니 식품 손실도 줄일 수 있습니다.

또 '그 지역에서 생산된 제철 식품을 그 철에 소비한다'는 뜻을 가진 '순산순소(旬産旬消)'라는 말도 있습니다. 제철 농작물은 가스나 전기를 연료로 사용하는 온실에서 키우는 수고가 필요 없으니 환경에 부담을 주지 않고 기를 수 있습니다. 무엇보다 엉뚱한 철에 팔리는 채소에는 없는 고유한 맛이 매력입니다.

'신토불이'와 '순산순소'를 의식하는 일은 식재료 운송에 쓰이는 에너지를 줄이고 식품 손실을 없애는 첫걸음이라고 할 수 있어요.

제 3 장

SDGs를 내 일처럼 생각하기

1

이대로는 나쁜 일이 일어나는 걸까?

지구의 기온은 어떻게 될까?

- 2100년까지 최대 **4.8** ℃ 상승
- 1880년에서 2012년 사이 이미 **0.85** ℃ 상승

지구의 해수면 높이는 어떻게 될까?

- 2100년까지 최대 **82** cm 상승
- 1901년에서 2010년 사이 이미 **19** cm 상승

출처: 기후 변화에 관한 정부 간 협의체(IPCC) 「제5차 평가 보고서」

1880~2012년 사이에 나타난 경향을 보면 세계 평균 기온은 0.85℃ 상승했습니다. 2001년 기후 변화에 관한 정부 간 협의체(IPCC)가 제3차 평가 보고서에서 발표한 1901~2000년 사이의 백 년 평균 0.6℃였던 상승 폭보다 더 커진 것입니다.

↑ **온실가스의 농도가 계속 상승하면 2100년에는 최악의 경우 최대 4.8℃까지 상승할 것으로 예상된다**

★ 소중한 지구가 점점 변해간다

지금까지 SDGs를 달성하지 않으면 여러 방면에서 지구가 버틸 수 없다는 것을 설명했어요. 그렇다면 SDGs를 달성하지 못했을 때 지구에 어떤 일이 일어날까요?

환경 파괴로 지구온난화가 심각해지면 농작물을 수확할 수 없게 되어 기아가 늘어날지도 모릅니다. 기후변화가 진행되면 물이 부족한 지역이 늘어나 물이라는 자원을 둘러싼 전쟁이 일어날지도 모르고요. 그렇게 되면 가난한 나라와 풍족한 나라 사이의 틈이 벌어지고, 똑같은 사람이면서 불합리한 격차를 겪어야 하는 상황이 더 심각해질지도 몰라요.

언뜻 관계없어 보이는 '환경', '평화', '인권' 같은 인류의 소중한 가치는 사실 서로 연결되어 있습니다. 빈곤이 사라져도 숲의 나무를 계속 베어내면 지구의 기온이 상승해 살기 어려워지고, 바다가 깨끗해져도 평화가 없다면 바람직한 세계라고 할 수 없습니다.

SDGs의 17개 목표는 각양각색의 과제와 문제를 해결하는 것이고, 모든 목표는 더 좋은 지구를 만들기 위해 복잡하게 얽혀 있답니다.

인간 활동으로 발생하는 온실가스 배출 비율

가장 많은 것은 화석연료 사용으로 발생하는 이산화탄소 **65.2%**

이산화탄소는 지구온난화에 영향을 미치는 온실가스 중 가장 많은 전체의 4분의 3을 차지하고 있습니다.

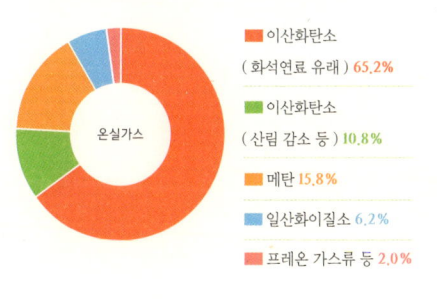

- 이산화탄소 (화석연료 유래) 65.2%
- 이산화탄소 (산림 감소 등) 10.8%
- 메탄 15.8%
- 일산화이질소 6.2%
- 프레온 가스류 등 2.0%

출처: 기후 변화에 관한 정부 간 협의체(IPCC) 「제5차 평가 보고서」

2

SDGs 달성을 위해 노력하지 않아도 벌칙은 없지만

출처: Shutterstock.com

2020년 5월 미국 미네소타주 미니애폴리스에서 비무장 흑인 남성이 백인 경찰에게 살해되었습니다. 이를 계기로 인종 차별에 항의하는 대규모 시위가 일어났습니다. 미국 전역에서 평화 시위가 이뤄지는 한편, 상점을 파괴하는 약탈도 있었습니다.

↑ 흑인 차별이 뿌리 깊은 미국에서는 종종 차별에 항의하는 집회가 일어난다. 2020년 5월에도 대규모 시위가 있었다

★ SDGs를 어기면 대가를 치를지도 모른다

만약 SDGs에 어긋나는 행동을 하면 벌칙을 받게 될까요? 결론을 말하자면 SDGs에는 법적 구속력이 없으므로 달성을 위해 노력하지 않아도 벌은 받지 않습니다.

그렇다고 'SDGs를 위해 노력하지 않아도 문제 없겠구나'라고 생각하면 큰 오해예요. 예를 들어 학교에 피부색이 다른 학생이 외국에서 전학왔다고 생각해 봅시다. 피부색이 다르다는 이유로 그 친구에게 차별적인 발언을 한다면 SDGs 목표 10. '모든 종류의 불평등 해소'를 위반하는 것이지만 벌칙은 없어요. 그러나 차별적인 발언을 하면 주위 친구들의 믿음을 잃게 되는 등 사회적 제재를 받을 거예요. 달리 말하면 친구에게 차별적 발언을 하다가는 주위에 아무도 남지 않게 되고, 학교생활도 재미 없어져서 학교 가는 것이 싫어질지도 몰라요. 그러면 여러분의 학교생활은 지속가능하지 않게 되는 셈이에요.

이처럼 굳이 벌칙을 만들지 않아도 SDGs를 위반하면 그에 상응하는 사회적 대가를 치르게 됩니다.

제3장 SDGs를 내 일처럼 생각하기

알아두어야 할 개념

블랙 라이브즈 매터

블랙 라이브즈 매터(Black Lives Matter)는 '흑인의 생명은 소중하다'라는 뜻입니다. 2012년 2월 플로리다주에서 흑인 소년이 백인 경찰에게 사살된 사건을 계기로 SNS에 #BlackLivesMatter라는 해시태그가 퍼진 것이 기원이라고 해요.

흑인 차별을 반대하는 사람들

출처: Shutterstock.com

3
SDGs는 사업에 공헌한다

출처: Shutterstock.com

무함마드 유누스는 방글라데시에서 태어난 경제학자이자 사업가입니다. 1983년에 빈곤층에게 무담보·저금리로 돈을 빌려주는 그라민 은행을 만들었습니다. 그 공로를 인정받아 2006년 유누스와 그라민 은행은 노벨평화상을 받았습니다.

↑ **그라민 은행은 2018년까지 약 900만 명에게 265억 달러(약 31조 원)를 무담보로 빌려주었다**

★ 기부에 의존하면 지속할 수 없지만

어려운 사람을 돕기 위해 기부하거나 자원봉사 활동을 하는 것은 훌륭한 일이에요. 하지만 생각해 보아야 할 문제가 있답니다. 자원봉사는 기부 같은 방법으로 돈이 모여야 비로소 할 수 있다는 점이에요. 지속가능한 구조라고 할 수 없는 면이 있습니다.

그래서 주목을 모은 것이 사업을 통해 사회 문제를 해결할 활동 자금을 마련하는 '사회적 기업'입니다. 사업이 성공하면 기부를 받지 않아도 이익을 만들어낼 수 있으니 활동 자금도 꾸준히 마련할 수 있어요.

2006년에 노벨평화상을 받은 방글라데시 경제학자 무함마드 유누스가 시작한 그라민 은행은 성공한 사회적 기업으로 유명합니다. 유누스는 하루에 1~2달러로 생활하는 극빈층에게 자기 재산을 투자해 '마이크로 크레디트'라 불리는 무담보 소액 대출을 실시해서 새로운 사업을 시작할 수 있게 도왔습니다. 그 돈을 밑천으로 많은 가난한 사람들(대부분 여성)이 사업을 일으켜 빈곤에서 빠져나올 수 있었어요.

알아두어야 할 개념

마이크로 크레디트

빈곤 상태에 놓인 사람이나 실업자, 자금이 충분하지 않은 창업가 등 원래대로라면 은행에서 돈을 빌릴 수 없는 사람에게 아주 적은 돈을 빌려주는 것을 '마이크로 크레디트'라고 합니다. 1970년대 방글라데시에서 시작된 후 전 세계의 개발도상국에서 널리 퍼지고 있습니다.

출처: Shtterstock.com

4

그레타가 어른들에게
분노하는 이유

출처: Shutterstock.com

미국의 시사 주간지 「TIME」이 선정하는 2019년 '올해의 인물'이 되기도 한 그레타 툰베리는 기후변화 항의 운동의 세계적인 상징입니다. 노벨평화상 후보로 거론되기도 했어요.

⬆ **2019년 유엔 기후 행동 정상 회의를 앞두고 기후변화에 대한 대책 마련을 촉구하는 시위가 있었는데 전 세계에서 400만 명이 참가했다**

★ 잘못은 어른이 했는데 책임은 우리가 지라고?

2019년 9월 유엔 본부에서 열린 '2019 유엔 기후 행동 정상 회의'에서 16세 스웨덴 출신 환경 운동가 그레타 툰베리가 화제에 올랐습니다. 툰베리는 "사람들이 고통받고 있습니다. 사람들이 죽어가고 있습니다. 생태계 전체가 무너지고 있습니다. 우리들은 대규모 멸종 위기에 놓여 있습니다. 어른들이 이야기하는 것은 돈과 영원한 경제성장이라는 동화 같은 이야기입니다. 어떻게 그럴 수 있나요?"라며 어른들에게 호소했습니다.

툰베리는 지구온난화와 생태계 파괴를 돌아보지 않고 지금까지 경제만 우선해온 어른들이 어린이 세대에게 문제를 떠넘기는 것에 분노했습니다. 어른들이 이제까지 해온 일 때문에 어린이 세대가 피해를 보는데 어른들 대신 책임을 져야 한다니 이상하다는 거예요.

지구 환경이 더 나빠지면 문제는 심각해집니다. 미래의 어린이들, 또 그 아이들의 세대까지 살기 좋은 지구 환경을 지키려면 어른과 어린이 모두 지구에 사는 당사자로서 지금부터 위기감을 느끼고 행동을 시작할 필요가 있습니다.

알아두어야 할 개념

2019 유엔 기후 행동 정상 회의

2019년 9월 23일에 구테레쉬 유엔 사무총장의 제안으로 뉴욕의 유엔 본부에서 열린 '유엔 기후 행동 정상 회의'입니다. 10년 동안 온실가스 배출량을 45% 줄이는 것 등이 합의되었습니다. 곧이어 2019 유엔 지속가능발전목표 정상 회의도 개최되었습니다.

폐회 인사를 하는 구테레쉬 사무총장

출처: Shutterstock.com

5

남을 탓하지 말고
내가 할 수 있는 일을 생각하자

사고방식이 다른 사람이어도 상대를 이해하고자 하는 관용이 있다면 분명 서로 이해할 수 있을 거예요. 나라와 종교, 문화가 다르면 사고방식도 크게 다를지 몰라요. 이해할 때까지 시간이 걸려도 포기하지 않는 것이 중요합니다.

↑ **다른 사람과의 차이점을 받아들일 수 없는 사람들이 차별과 테러, 분쟁 같은 비극적인 사건을 일으키고 있다**

★ 사고방식이 다른 사람을 이해하는 것이 중요하다

친구에게 "내일 열 시에 만나자"라고 했는데 다음 날 약속 시간에 친구가 오지 않았다고 생각해 봅시다. 나중에 그 친구가 "그런 말 들은 적 없는데?"라고 하면 어떤 생각이 들까요?

"제대로 말했는데 안 온 네가 나쁘지"라며 친구를 일방적으로 탓할지도 몰라요. 하지만 말을 했을 때 친구가 다른 생각을 하느라 못 들었을 수도 있어요. 그럴 때 '내 이야기가 잘 전해지지 않았나 봐. 다음번에는 제대로 말하자'라고 생각할 수도 있어요.

SDGs가 해결하고자 하는 문제는 복잡합니다. 세계에는 종교와 문화 등이 달라서 사고방식이나 개념이 다른 사람들이 많이 있어요. 자기에게 유리한 주장만 하면 사고방식이 다른 사람과는 대립이 깊어질 뿐입니다. 한국인과 아프리카인의 사고방식, 기독교인과 무슬림의 사고방식은 다를 수 있습니다. 그래도 지혜를 발휘해 사고방식과 입장이 다른 사람을 배려하고 설득하고 서로 이해한다면 더 좋은 세계의 미래로 이어질 것입니다.

알아두어야 할 개념

무슬림

이슬람교 신자를 '무슬림'이라고 합니다. 기독교에 이어 두 번째로 많은 사람들이 믿고 있어요. 세계 인구 4명 중 1명(약 19억 명)이 무슬림입니다. 뉴스에서는 알카에다나 ISIL(이슬람국가) 같은 이슬람 과격파 조직이 자주 화제에 오르기도 하는 반면 많은 무슬림은 평화를 소중히 여기는 사고방식을 가지고 있다고 해요.

식사하는 이슬람교도 가족

6

누가 만드는지
생각해 본 적 있어?

카카오나무에 달린 럭비공 모양 열매 안에 들어 있는 30~40개의 카카오 콩이 초콜릿과 코코아의 원료입니다. 카카오 열매를 수확하는 가난한 가정의 어린이 중에는 그 열매가 어디에 쓰이는지 모르는 아이들도 있다고 해요.

↑ **초콜릿의 원료인 카카오를 수확하는 아프리카 사람들 중에는 초콜릿의 맛을 모르는 사람도 있다**

★ 초콜릿 원료를 수확하는 어린이들

우리는 물건을 사고 또 먹으며 매일 소비하고 있습니다. 그 물건들이 어디에서 만들어졌는지 생각해 본 적 있나요?

예를 들어 많은 사람들이 좋아하고 즐겨 먹는 초콜릿을 생각해 봅시다. 초콜릿의 원료는 카카오 콩이고 주요 생산지는 코트디부아르나 가나 같은 아프리카나 동남아시아, 중남미의 개발도상국이에요.

전 세계 어린이 10명 중 1명이 아동 노동을 하고 있습니다. 많은 아이들이 카카오 콩을 수확하고 있는 것이 현실이에요. 초등학교에 가야 할 어린이가 초콜릿 원료를 수확하고 있는 것입니다. 그 뒤에 있는 것은 빈곤입니다. 초콜릿 제조 회사가 부당하게 낮은 가격으로 카카오 콩을 사들이기 때문에 카카오 생산자는 안정된 수입을 얻지 못합니다. 그 때문에 가난하고 가난하기 때문에 아이를 학교에 보내지 못하고 일터에 내보내야 하는 악순환이 이어집니다.

평소에 먹고 쓰는 물건이 어디에서 어떻게 만들어지는지 흥미를 갖게 되면 상품을 고르는 마음도 바뀔 거예요.

알아두어야 할 개념

아동 노동

의무 교육을 방해하는 노동, 법률에서 18세 미만 청소년에게 금지한 위험하고 유해한 노동이 '아동 노동'입니다. 집안일을 돕거나 고등학생이 되어 아르바이트하는 것은 아동 노동이 아니에요. ILO(국제노동기구)에 따르면 세계 어린이 10명 중 1명, 약 1억 5,200만 명(2017년)이 아동 노동을 하고 있습니다.

출처: ILO(국제노동기구)

7

윤리적 소비를 생각하자!

주요국 공정무역 소매판매액(2017년)

국명	공정무역 소매판매액 (만 유로)	총인구 (만 명)	1인당 소매판매액 (유로/명)
스위스	63,058	842.0	74.90
아일랜드	34,200	478.4	71.48
핀란드	23,353	550.8	42.40
스웨덴	39,438	1,005.8	39.21
오스트리아	30,400	877.3	34.65
영국	201,366	6,580.9	30.60
독일	132,935	8,252.2	16.11
프랑스	56,100	6,491.0	8.64
캐나다	29,656	3,670.8	8.08
미국※	99,412	32,312.8	3.08
이탈리아	13,003	6,053.7	2.15
일본	9,369	12,678.6	0.74
한국	3,048	5,142	0.59

※ 미국 인구는 2016년 수치임.

출처: 유엔 「Fairtrade International Annual Reports 2017~2018」 (동 출처 https://files.fairtrade.net/publications/2017-18_FI_AnnualReport.pdf에서 한국 수치 추가)

↑ 우리나라는 아직 유럽이나 미국과 비교해 윤리적 소비에 대한 인식이 낮아 공정무역 상품에 쓰는 돈이 눈에 띄게 적다

★ 물건을 사며 사회 문제 해결에 공헌한다

'윤리적 소비'라는 말을 들어본 적 있나요? '윤리적'이라는 말이 조금 어렵게 느껴질지 모르지만 간단히 말해 법률과 상관없이 많은 사람들이 옳다고 생각하는 것입니다. 즉 '윤리적 소비'는 지구 환경이나 사람, 사회, 지역을 배려하고 생각해서 소비하는 것을 말해요.

SDGs가 발표되면서 빈곤, 인권, 기후변화 등 세계가 안고 있는 사회 문제를 해결하자는 움직임이 커지는 가운데 사람과 사회, 지구 환경을 배려하는 윤리적 소비도 주목을 끌고 있습니다.

어른도 어린이도 모두 소비자로서 매일 물건을 사며 살아가고 있습니다. 그때 '윤리적'인 관점으로 바라볼 수 있게 되면 사회를 더욱더 좋은 방향으로 움직일 수 있을 거예요.

공정무역 상품이나 장애인 지원으로 이어지는 상품, 재활용 상품을 구입하는 것이 윤리적 소비의 대표적인 행동입니다. 누구나 물건을 구입합니다. 그러니까 누구나 SDGs에 공헌할 수 있는 셈입니다.

알아두어야 할 개념

공정무역

'공정무역'이란 개발도상국의 원료나 제품을 적정한 가격으로 계속 구입해 불리한 위치에 있는 개발도상국의 생산자와 노동자에게 더 나은 생활환경을 제공하고 자립할 수 있게 도와주는 '무역 형태'입니다. 대표적인 공정무역 인증 제품으로 커피와 초콜릿이 있어요.

국제 공정무역 인증 마크

출처: 페어트레이드 라벨 재팬

8

미래를 위해
지금 해야 할 일을 하자!

출처: Shutterstock.com

혼다 케이스케 선수는 초등학생 때 쓴 글짓기에서 "월드컵에서 유명해져 외국팀에 스카우트 되어 유럽 세리에A에 입단합니다. 그리고 주전 선수가 돼서 10번으로 활약합니다"라고 썼고, 정말 실현했어요.

↑ 반드시 실현해야 하는 SDGs를 위해 전 세계의 사람들은 지금 해야 할 일부터 행동으로 옮겨야 한다

★ 프로 선수가 된 사람들의 사고방식에서 힌트를 얻자

　프로 운동선수 중에는 어릴 때부터 '프로 선수가 되려면 무엇을 해야 하는가'를 생각했던 사람이 많다고 합니다. 평범한 사람들은 보통 '연습을 많이 하면 커서 프로가 될 거야'라고 생각하겠지만 그렇지 않아요.

　예를 들어 축구 선수 혼다 케이스케는 초등학생 때 쓴 글짓기에 "나는 어른이 되면 세계 최고의 축구 선수가 되고 싶다. 아니 된다"라고 썼습니다. 축구 선수가 되는 것은 이미 정해져 있는 것이었고 실제로 일본 대표가 되어 해외에서도 활약하고 있습니다.

　평범한 사람은 노력하면 '목표'에 가까이 갈 수 있다고 생각합니다. 한편 목표를 달성하는 사람은 목표 달성을 전제로 두고 무엇을 해야 하는지, 어떻게 하면 목표를 이룰 수 있는지를 생각하며 행동합니다.

　SDGs는 2030년까지 달성해야 하는 목표입니다. 그러나 이대로는 달성이 어려운 상황입니다. 그러니까 더욱 전 세계 사람들이 SDGs를 달성할 것을 전제로 두고 '지금 할 수 있는 일'이 아니라 '지금 해야 하는 일'을 생각하며 행동할 필요가 있습니다.

제3장 SDGs를 내 일처럼 생각하기

알아두어야 할 개념

K-SDGs(국가지속가능발전목표)

우리나라도 국제사회의 공동의 목표 달성에 기여하고 한국사회에 처한 여러 문제들을 해결하기 위해 한국형 지속가능발전목표, 즉 K-SDGs를 수립, 모두가 사람답게 살 수 있는 포용사회 구현, 모든 세대가 누리는 깨끗한 환경 보전, 삶의 질을 향상시키는 경제성장, 인권보호와 남북평화구축, 지구촌협력과 같은 5대 전략과 이를 실천하기 위한 17개 목표와 119개 세부목표, 236개의 지표들을 설정하여 실천하고 있습니다.

9

목표 달성을 위해
무엇이 필요한지 생각하자

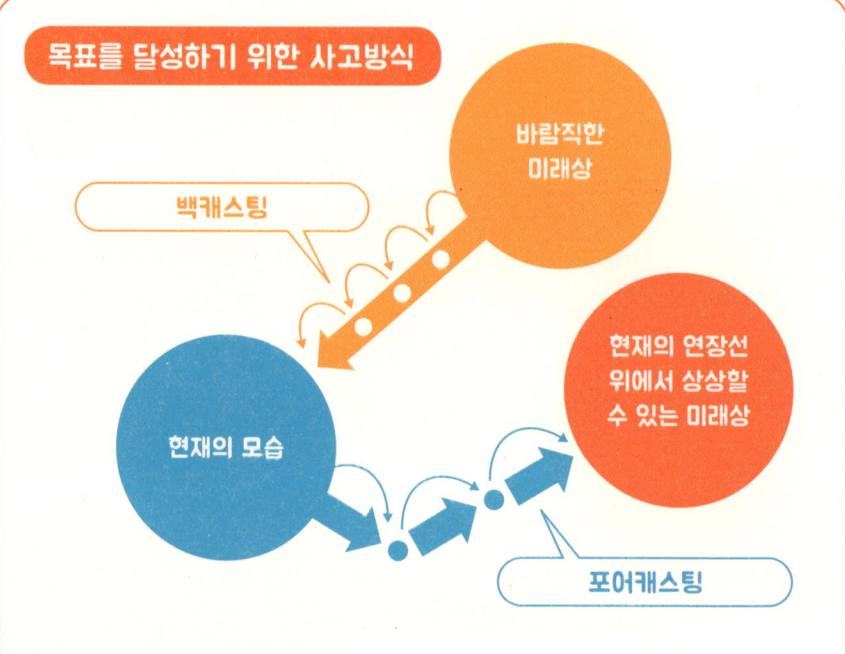

바람직한 미래상에서 시작해 '그것을 실현시키기 위해 지금 해야 할 일을 생각하는' 사고법이 '백캐스팅'이고, 현재나 과거를 기반으로 목표를 세우는 것이 '포어캐스팅'입니다.

⬆ **반드시 해내겠다는 마음으로 참신한 아이디어와 방법을 생각해야 달성할 수 있어!**

★ 목표 달성을 전제로 해야 할 일을 생각한다

　시험에서 매번 60점밖에 못 받는데 선생님이 '다음 시험에는 80점 이상 받을 것'이라는 목표를 주셨다면 어떻게 할까요? '학원 다니느라 시간이 없어', '80점을 어떻게 받아?', '어차피 나한테는 무리인데' 이렇게 불가능한 이유를 대는 것은 간단합니다. 그리고 그런 식으로는 점수가 좀처럼 오르지 않을 거예요.

　SDGs는 유엔이 정한 절대로 달성해야 하는 목표입니다. 불가능하다는 이유로 포기할 수는 없습니다. 그럼 지금까지 달성하지 못했던 목표를 반드시 달성하기 위해서는 어떻게 해야 좋을까요?

　사고방식을 바꾸어야 합니다. 지금 할 수 있는가, 혹은 할 수 없는가와 관계없이 목표를 실현하기 위해 '지금 해야 하는 것'을 생각하는 것입니다. 목표 실현을 전제로 생각하면 이제까지 생각하지 못했던 아이디어가 떠오를 거예요. 그것을 실제 행동으로 옮깁니다. 이런 식으로 생각하는 것을 '백캐스팅'이라고 합니다. 이와 반대로 '지금 할 수 있는 것'에서 목표를 세우는 것이 '포어캐스팅'인데 그렇게 해서는 목표를 이루기 힘들 것입니다.

실천할 수 있는 유익한 정보

꿈 노트

혼다 선수는 꿈을 이루기 위해 중학생 때부터 '꿈 노트'를 쓰기 시작했다고 합니다. 우선 꿈(목표)을 쓰고, 실현하기 위해 무엇을 해야 하는지 썼다고 해요. 그때부터 백캐스팅 사고방식을 했던 겁니다.

혼다 케이스케
프로듀스 꿈 노트

10
할 수 있는 것, 할 수 있어 보이는 것부터 해보자

↑ 혼자만의 힘으로는 전부 이룰 수 없어. 모두 함께 '내가 할 수 있는 일'부터 찾아보자

★ 어린이가 할 수 있는 일도 많다!

세계적 목표인 SDGs는 지구에 사는 모두가 자기 일처럼 생각하는 것이 중요합니다. 그럼에도 '빈곤을 없애자', '해양생태계를 지키자' 같은 큰 목표는 나라나 지방 자치 단체, 기업이 생각해야 할 일이지 개인이 할 수 있는 일은 별로 없다고 생각하기 쉬워요.

하지만 여러분은 이미 공헌하고 있을 가능성이 있습니다. 예를 들어 집에서 아무도 안 보는 텔레비전 전원을 끄거나, 장바구니를 들고 물건을 사러 가서 비닐봉지를 받지 않으면 자원 절약으로 이어지듯 실제로 일상생활 속에서 할 수 있는 일이 많답니다.

지구는 지금 위기에 빠져 있습니다. 우리가 사는 지구를 우리가 사는 집처럼 여겨야 합니다. 그러면 '내가 지구의 주인이니까 더 많은 일을 할 수 있다'고 생각할 수 있지 않을까요?

국제연합홍보센터에서는 '지구를 지키기 위한 게으른 사람의 가이드(The LAZY PERSON'S guide to SAVING the WORLD)'를 통해 누구나 쉽게 SDGs에 공헌할 방법을 알려줍니다. 그 내용은 다음 페이지에 정리해 두었습니다.

알아두어야 할 개념

국제연합홍보센터

국제연합(유엔)의 전반적인 활동을 홍보하기 위해 세계 약 60여 개국에 만들어진 것이 '국제연합홍보센터'입니다. 한국에는 2006년 유엔거버넌스센터가 설립되어 유엔 활동을 홍보하고 있습니다.

국제연합홍보센터 홈페이지

출처: http://www.un-rok.org/ko/

제3장 SDGs를 내 일처럼 생각하기

11
할 수 있는 일 레벨 1: 소파에 앉아서 할 수 있는 일

방을 둘러보며 할 수 있는 일이 더 없나 살피다 보면 새로운 일을 발견할 수 있을 거예요. 스마트폰으로 게임을 하거나 유튜브를 보는 대신 SDGs나 세계 곳곳에 있는 해결해야 할 문제와 과제를 조사해 보면 어떨까요?

↑ **상상력을 발휘해 '내가 할 수 있는 일은 없을까?'를 생각해 보면 많은 것을 찾을 수 있다**

★ 빈둥거리면서 SDGs에 공헌할 수 있다

그럼 SDGs에 공헌하기 위해 어떻게 하면 좋을까요? 어린이가 할 수 있는 일에는 무엇이 있을까요?

국제연합홍보센터는 '지속가능한 발전을 위해 게으름뱅이도 할 수 있는 행동 가이드'라는 안내서를 만들어 '할 수 있는 일'을 4개의 레벨로 나누어 소개하고 있습니다.

SDGs는 지구에 사는 사람이라면 누구나 관계가 있어요. 우선 가장 간단한 레벨 1은 '소파에 누워서 할 수 있는 일'입니다.

예를 들어 아무도 안 보는 텔레비전이나 아무도 없는 방의 전등을 끄면 전력 낭비를 막을 수 있습니다. 소파에 앉아서 스마트폰을 볼 때도 지속가능하며 친환경적인 사업을 하는 회사를 찾아두면 다음번 마트에 가서 물건을 고를 때 참고할 수 있습니다. 카카오톡과 같은 SNS에서 집단 괴롭힘을 발견했다면 괴롭히는 아이에게 주의를 줄 수도 있습니다. SNS에서 기후변화나 빈곤 문제에 관해 쓴 글을 발견하고 친구들에게 공유하기만 해도 SDGs에 공헌하는 거예요.

알아두어야 할 개념

SNS

SNS는 소셜 네트워킹 서비스의 줄임말로, 소셜(사회적인) 네트워킹(연결)을 제공하는 서비스라는 뜻입니다. 대표적인 예로 페이스북, 인스타그램, 카카오톡, 트위터가 있습니다.

출처: Shutterstock.com

12

할 수 있는 일 레벨 2: 집에 있으면서 할 수 있는 일

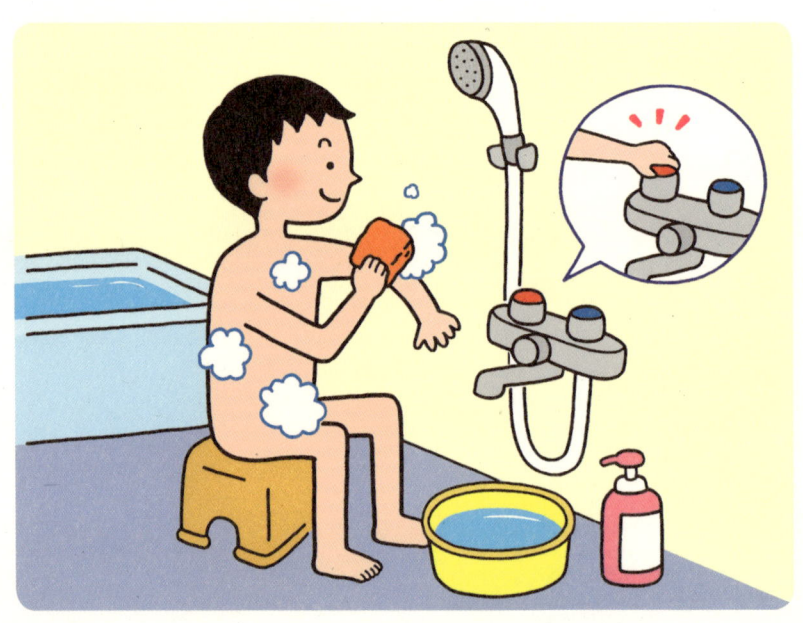

밥을 먹고 이를 닦고 화장실을 쓰고 목욕을 하는 등 여러 가지 행동이 집에서 이루어집니다. 지금 곧바로 SDGs를 염두에 두고 집에서 매일 일어나는 일들을 되짚어보세요. 그러면 미처 생각하지 못했던 낭비를 발견할 수 있을지 몰라요.

↑ **평소 하는 행동을 점검해 보면 할 수 있는 일을 더 발견할 수 있다. 행동을 바꾸면 미래도 바뀔 거야!**

★ 집에 있으면서 SDGs에 공헌할 수 있다

소파에 누워서 할 수 있는 일 다음인 레벨 2는 '집에 있으면서 할 수 있는 일'로 할 수 있는 일이 더 늘어납니다.

지금까지 세수를 할 때나 목욕탕에서 몸을 씻을 때 물을 계속 틀어놓았다면 필요할 때만 물이 나오게 해보세요. 물을 절약할 수 있을 거예요. 머리를 말릴 때 드라이기를 쓰지 않으면 전기를 절약할 수 있고요. 집에서 다 먹을 수 없는 식재료는 그냥 버리지 말고 냉동 보관하는 것도 방법입니다. 음식 낭비뿐 아니라 돈 낭비도 줄일 수 있어요. 냉난방기 온도를 겨울에는 낮게, 여름에는 높게 설정하면 전기를 절약할 수 있습니다. 에어컨을 켜두었을 때 창문이나 문 닫는 것을 자주 깜박한다면 찬 공기, 따뜻한 공기가 빠져나가지 않게 제대로 닫도록 해요. 그러면 에너지 효율을 높일 수 있어요.

집에 있으면서도 손쉽게 자원을 절약할 수 있는 방법이 많다는 것을 깨달을 수 있을 거예요. 자기 손으로 할 수 있는 일이 무엇일지 찾아보면 더 많은 발견이 있을지도 모릅니다.

알아두어야 할 개념

가상수(virtual water)

식량을 생산하기 위해서는 물이 필요합니다. 예를 들어 소고기 1kg당 2만 600리터가 필요합니다. 우리가 소고기를 수입하면 수출국의 물을 간접적으로 사용한 셈이 되는데 그 물을 '가상수(virtual water)'라고 합니다. 수입을 많이 하면 할수록 외국의 물을 대량으로 간접 소비하는 셈입니다.

● 식품 1kg을 생산하기 위해 필요한 물의 양

(리터) 보리, 계란, 닭고기, 돼지고기, 소고기

13
할 수 있는 일 레벨 3: 집밖에서 할 수 있는 일

시야를 넓혀 '지구는 내가 사는 별'이자 나의 집과 같다고 생각하면 할 수 있는 일은 더욱 늘어날 거예요. 밖에 나가면 가게 점원이나 이웃들처럼 많은 사람들과 관계를 맺습니다. 그러한 관계 속에서 해야 할 일을 생각해 봅시다.

↑ 나와 관계를 맺는 사람들과 무엇을 해야 하는지 생각하면 할 수 있는 일의 범위는 더욱 넓어진다

★ 밖에서도 SDGs에 공헌할 수 있다

레벨 3은 '집밖에서 할 수 있는 일'로 할 수 있는 일은 더욱 늘어날 거예요.

2019년 4월 1부터 대형 마트, 백화점, 쇼핑몰 등 매장 크기가 165㎡가 넘는 곳에서는 일회용 비닐봉지 사용이 금지되었습니다. 물건을 살 때 미리 에코백을 가지고 가면 물건을 들고 오느라 고생하지 않아도 된답니다. 비닐봉지 사용 금지에 참여하면 사회문제이기도 한 해양 플라스틱이 바다로 흘러 들어가서 일으키는 해양 오염과 생태계 파괴를 막는 데도 도움이 됩니다.

패스트푸드점에 갈 때 어차피 공짜니까 종이 냅킨을 필요한 양보다 많이 쓰지 않나요? 혹시 그랬다면 필요한 만큼만 사용하도록 해보세요. 쓰지 않는 옷이나 책, 장난감은 버리지 않고 이웃 아이에게 양보하면 어떨까요? 기뻐하며 받을지도 몰라요. 그러면 물건을 버리지 않아도 되고, 나눠주는 여러분도 기쁠 거예요.

집밖으로 나가면 친구나 선생님같이 다양한 사람들과 관계를 맺게 된답니다. 함께 어떤 일을 할 수 있는지 생각해 봅시다.

알아두어야 할 개념

해양 플라스틱 쓰레기

비닐봉지나 일회용 용기처럼 생활 속에서 다양하게 쓰이는 플라스틱 대부분이 한 번 쓰고 버려집니다. 바다에 흘러 들어간 해양 플라스틱 쓰레기는 이미 1.5억 톤에 이른다고 합니다. 바다를 오염시킬 뿐 아니라 바다 생태계에도 영향을 주기 때문에 큰 문제가 되고 있습니다.

14

할 수 있는 일 레벨 4: 직장(학교)에서 할 수 있는 일

학교에서 할 수 있는 일도 많습니다. 선생님과 SDGs에 관해 이야기를 나눠보는 것도 좋을 거예요. 반 친구들도 저마다 다양한 개성을 가지고 있습니다. 의견이 다른 사람과 서로 이해할 수 있게 노력하는 것도 중요하답니다.

⬆ 백지장도 맞들면 낫다! 우리가 사는 지구의 미래에 관해 친구들과 다양한 이야기를 나누어보자!

★ 친구들과 학교에서 할 수 있는 일을 생각하자!

레벨 4는 '직장에서 할 수 있는 일'입니다. 여기서는 어린이의 직장이라고 할 수 있는 '학교'로 바꾸어 생각해 보도록 합시다.

예를 들어 학교 안에서 성별이나 인종 차별이 있다면 항의해 봅시다. 인류의 평등을 실현하고자 하는 SDGs의 실현에 공헌할 수 있을 거예요. SDGs를 배우거나 친구들과 환경 문제에 관해 이야기 나누는 것도 학교에서 할 수 있는 일이랍니다. 지금까지는 싫어하는 음식이 급식에 나오면 남기지 않았나요? 남기지 않고 먹으면 식품 손실을 줄일 수 있어요. 또한 손을 씻을 때 물을 계속 틀어놓지 않으면 물을 아낄 수 있습니다.

SDGs에 공헌하겠다고 마음먹고 주위를 둘러보면 할 수 있는 일이 많을 거예요. 혼자 할 수 있는 일은 적을지도 모릅니다. 하지만 적은 일이어도 모두 함께 노력하면 큰 힘이 되어 미래를 바꿀 수 있을 거예요. 그런 의미에서 전 세계의 한 사람 한 사람이 할 수 있는 일을 하는 것이 중요합니다.

알아두어야 할 개념

ESG

'ESG'란 환경보호(Environment), 사회공헌(Social), 윤리경영(Governance)의 약자입니다. ESG 경영은 기업이 환경보호에 앞장서며, 사회적 약자에 대한 지원 등 사회공헌 활동을 하며, 법과 윤리를 철저히 준수하는 경영 활동을 말해요. 이는 기업의 지속적 성장을 평가하는 비재무적 성과를 측정하는 방법으로 유럽연합이나 미국 등에서는 이미 기업을 평가하는 데 중요한 기준으로 자리잡고 있어요.

출처: Shutterstock.com

15

'좋은 일을 하자'는 마음만으로는 지속할 수 없는 일도 있어

사랑의 열매나 편의점 계산대에 놓인 모금 상자 등 일상생활 속에서도 모금할 수 있는 기회가 많답니다. 모금을 할 때는 그 모금의 목적이 무엇인지 주의를 기울여봅시다.

↑ SDGs에서 중요한 것은 지속가능성! 한 번 하고 끝이 아니라 행동을 계속 이어갈 때 문제를 해결할 수 있다

★ 좋은 일을 하는 스스로에 만족하는 사람도 있지만

재해가 일어났을 때나 빈곤에 고통받는 나라를 돕기 위해 기부나 자원봉사를 하려는 사람이 많을지도 모릅니다. 그런 일을 행동으로 옮기는 것은 훌륭합니다.

그때 '나는 기부도 하는 좋은 사람이야', '나는 자원봉사도 하는 좋은 사람이야'처럼 자신의 행동에 만족해 버리고 나중에 그 문제가 어떻게 되었는지 관심을 기울이지 않는 사람도 있습니다. 물론 아무것도 하지 않는 것보다야 기부나 자원봉사를 하는 게 낫지만, SDGs가 추구하는 것은 '지속가능성'입니다.

한 번으로 끝나는 기부나 자원봉사는 큰 힘이 되지 않습니다. 예를 들어 기부를 한다면 그 기부를 통해 개선되는 과제가 무엇인지 따져 보고, 기부한 돈이 어떻게 쓰이는지 조사해 봅시다. 그 과제를 깊게 이해할 수도 있으며 기부가 아닌 다른 좋은 해결법을 발견할 수도 있습니다. 그러면 한 번으로 만족하고 끝나는 것이 아니라 지속가능한 행동으로 연결할 수 있을 거예요.

국내 기부금 현황

DATA

2017년 국내 기부금 총액은 13조 원

2017년 기부금 총액은 13조 원이고, 20년 평균 개인 기부금 65%, 기업 기부금 35%이며, 1998년 이후 개인 기부금 총액이 기업 기부금 총액을 앞지르고 있다.

출처: 국세청 국세통계연보, 아름다운재단 기부문화연구소

16

SDGs를 이용한
이미지 세탁은 안 돼!

거짓말을 해선 안 된다는 것은 말할 것도 없습니다. SDGs를 위해 노력하지도 않으면서 하는 척하거나 작은 행동을 과장해 자랑해서는 안 됩니다. SDGs는 성실히 노력하는 것이 중요하니까요.

↑ **SDGs를 위해 노력하는 이유는 '지속가능한 발전'을 실현하기 위해서이지 자신을 광고하기 위해서가 아니다!**

★ 거짓말의 대가는 그대로 돌아온다

환경 보호의 중요성이 커지며 기업도 환경을 보호해야 한다는 목소리가 커지고 있습니다. 제품 포장이나 기업 홈페이지를 통해 소비자에게 친환경적인 태도를 호소하는 기업이 늘고 있어요. 하지만 우리는 그것이 진짜인지 알 수 없습니다. 기업이 하는 말을 믿을 수밖에 없어요.

안타깝게도 마치 환경을 생각하는 것처럼 거짓말을 해서 소비자의 지지를 얻으려 하는 기업도 있습니다. 그런 속임수를 '그린 워시(green wash)'라고 합니다. 환경을 보호하는 상품을 사려고 했는데 거짓말이라는 것이 들통났다면 그 기업은 신뢰를 잃고, 소비자는 그 기업의 상품을 사지 않게 될 것입니다. 그뿐 아니라 성실하게 환경을 생각하는 상품을 만드는 기업도 의심의 눈초리를 받게 되는 등 악영향을 미치게 됩니다.

최근에는 'SDGs 워시'라는 말도 나오기 시작했습니다. 기업도 사람도 지속 가능한 사회를 만들려는 척하면서 환경을 파괴하고 아동 노동에 손을 댔다가 발각되면 단번에 신용을 잃고 말 겁니다. 거짓말을 하면 큰 것을 잃게 됩니다.

알아두어야 할 개념

그린 워시(green wash)

환경에 악영향을 미치는 기업 활동은 말하지 않으면서 환경을 배려하는 일부 노력만 강조하는 등 소비자에게 오해를 주는 행위를 '그린 워시'라고 합니다. 2019년에는 스파 브랜드로 유명한 H&M이 그린 워시 의혹이 있는 광고를 내보내 노르웨이 정부의 비판을 받았습니다.

출처: Shutterstock.com

17

가족들에게 SDGs를 위한 사회의 노력을 물어보자!

SDGs는 기업의 노력이 중요합니다. 가족에게 SDGs를 어떻게 생각하는지, 일하는 회사에서는 구체적으로 어떤 노력을 하고 있는지 물어봅시다. 혹시 가족들이 SDGs를 모른다면 알려주세요.

⬆ **집에서 SDGs를 화제로 꺼내 보자. 혼자서는 생각하지 못했던 '할 수 있는 일'을 발견할지도 모른다!**

★ SDGs 달성에 중요한 역할을 맡고 있는 기업

　유엔은 기업이 진지한 자세로 임하지 않으면 SDGs는 달성할 수 없다고 합니다. 기업이 돈벌이를 우선해 환경 파괴와 인권 침해를 저질러 온 결과로 지구가 위기를 맞게 되었으니 당연하다면 당연합니다.

　한편 기업은 이익을 얻지 않으면 사업을 계속할 수 없습니다. 이익을 만들어내며 SDGs 달성에 공헌할 수 있는 사업 활동을 해야 할 필요가 있지요. SDGs에 공헌하고 있는 기업이어도 적자가 이어지면 더 이상 SDGs에 공헌할 수 없을 거예요. 기업이 이익을 내면서도 SDGs에 공헌할 수 있다면 그것이 지속가능한 노력입니다.

　가족들이 일하는 회사에서는 어떤 노력을 하고 있는지 물어보세요. SDGs에 어떻게 공헌하고 있는지, SDGs의 어떤 목표와 관련이 있는지 조사하면 SDGs를 더욱 깊게 이해할 수 있을 거예요. 만약 가족들이 SDGs를 잘 모른다면 알려주세요. 그것도 SDGs에 공헌하는 길로 이어집니다.

기업의 SDGs 인지도

SDGs를 제대로 알고 있는 국내 기업은 10개 중 3개

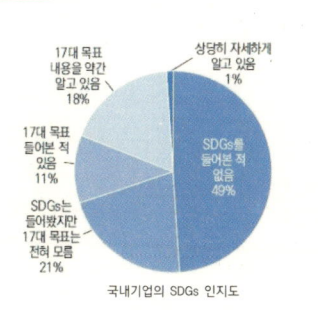

2016년 92개 국내 기업을 대상으로 SDGs에 대한 인식을 조사해 보니 응답 기업 중 49%는 '들어본 적 없다', 21%는 '들어봤지만 17대 목표는 전혀 모른다'고 대답했습니다.

출처: 연합뉴스 「기업 10개 중 7개 지속가능발전목표 잘 몰라」 (2017.2.19)

18

어른들에게 요구하자!
'어린이를 생각해 주세요'

어른들 중에는 환경이나 인권에 별 관심이 없는 사람도 적지 않습니다. 미래의 주역은 지금의 어린이입니다. 그 어린이들이 어른이 되었을 때 지구가 지금보다 좋은 지구일 수 있도록 어른들에게도 적극적으로 SDGs를 이야기합시다.

↑ 사회와 환경 문제에 관심이 부족한 어른들이 더 관심을 가질 수 있도록 요구하자. 어린이의 이야기라도 분명 귀기울여 줄 것이다!

★ 어른들이 미래를 더 걱정하도록

　지금 세계는 많은 문제를 안고 있습니다. 기후변화로 생물 다양성을 잃어가고 빈부 격차는 더욱 벌어지고 있습니다. 이 이상 환경이 파괴되면 우리는 안심하고 살아갈 수 없습니다. 하지만 문제는 이미 심각하고 당장 해결할 수 있는 상황도 아니에요.

　또 '차별은 나쁘다'는 것을 알고 있는데도 차별은 사라지지 않습니다. 학교에서도 '집단 괴롭힘은 나쁘다'는 것을 모두 알고 있지만, 옛날에도 지금도 일어나고 있습니다. 이제까지 어른들은 앞뒤도 깊이 생각하지 않고 자원을 마음대로 소비해 왔습니다. 차별과 집단 괴롭힘을 없애지도 못했어요. 그러니 더욱 어린이 세대는 문제와 과제에서 눈을 돌리지 말고 '나의 일'이라고 생각하며 더 좋은 지구를 향해 나아갔으면 하는 바람입니다.

　미국의 어떤 조사에서 Z세대의 87%는 '사회나 환경 문제에 관심이 있다'고 대답하고 있습니다. 나이가 많아질수록 사회 및 환경 문제에 대한 관심이 줄어드는 경향이 있습니다. 젊은 세대가 어른들에게 더 알려야 할 필요가 있을지도 모릅니다.

알아두어야 할 개념

Z세대

원래 미국에서 만들어진 말로 1990년대 후반에서 2000년 사이에 태어난 세대를 'Z세대'라고 합니다. 1960~1974년생을 'X세대', 1975~1990년 전반에 태어난 사람들을 'Y세대(혹은 밀레니얼 세대)'라고 하지요. 그 흐름을 이어받아 'Z세대'라는 말이 만들어진 거예요.

COLUMN

학교 급식에서 식품 손실을 줄이자

　각 학교에서도 잔반을 줄이기 위한 노력이 이어지고 있는데요. 아이들이 좋아하는 음식으로 식단을 짜 잔반 없는 날을 운영하거나, 급식실에 그린퇴식구(다 먹은 식판)와 레드퇴식구(남긴 식판)로 구역을 나누어 놓고, 한 달에 1번씩 그린퇴식구 앞에서 후식을 나누어주거나, 생선을 먹지 않는 학생들을 위한 생선 퓨전음식, 즉석 철판 삼겹살 등 잔반을 줄이기 위한 아이디어가 넘치고 있습니다.

　파주시 어린이급식관리지원센터는 지역 내 어린이들을 대상으로 '우리도 할 수 있어요!' 잔반 줄이기 교육을 진행했는데요, '음식물 쓰레기 줄이기'를 주제로 식재료들의 성장 과정, 음식물 쓰레기로 인한 환경오염, 음식물 쓰레기 줄이기 위한 방법 등의 내용으로 비대면 영상 교육을 진행했습니다. 여기서 시청 소감에 대한 어린이들의 글, 영상, 그림 등을 접수 받아 '채소 기르기 키트'를 제공해 식재료를 직접 키워보는 체험을 통해 식재료를 키우는 사람들의 노고와 정성에 대해 다시 한번 생각해 보는 시간을 가졌다고 합니다. 이런 노력이 전국적으로 확산되면 더 많은 식품 손실을 줄일 수 있습니다.

     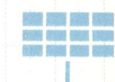

부록

SDGs의

17개 목표를 더

자세히 알아보자 »

SDGs의 17개 목표를 더 자세히 알아보자

**17개 목표를 자세히 알게 되면
SDGs가 하고자 하는 일을 이해할 수 있다.**

 SDGs는 17개의 목표와 169개의 세부 목표를 정하고 있습니다. 세부 목표까지 살펴보면 세계 사람들이 이루어야 하는 것, 현재 해결해야 하는 과제와 문제를 더욱 분명히 알게 됩니다. 그리고 목표 1. '빈곤층 감소와 사회 안전망 강화'처럼 각 목표는 간단히 표현되어 있지만, 세부 목표까지 보면 구체적인 목표를 세우고 해결하려 하고 있음을 알 수 있어요.

17개 목표 페이지 보는 법

● SDGs 로고는 목표를 간단히 표현하고 있습니다. 로고에 다 담지 못한 유엔이 이루고자 하는 자세한 목표입니다.

● SDGs의 17개 목표는 '세계가 직면한 주요 과제·문제'를 해결하기 위해 만들어졌습니다. 이곳에 쓰여 있는 것은 각 목표와 관계된 과제·문제입니다. 지금 세계에 어떤 과제와 문제가 있는지 알 수 있습니다.

목표 1

1 빈곤층 감소와 사회 안전망 강화

모든 곳에서 모든 형태의 빈곤 종식

세계가 직면하고 있는 주된 과제·문제

● 2015년 시점에서 빈곤층 기준인 하루 1.9달러보다 못한 생활을 하는 사람들은 7억 3,600만 명에 이릅니다. 그중 4억 1,300만 명이 사하라 이남 아프리카에 모여 있습니다.
● 하루에 한 사람당 1.9달러의 소득으로 생활하는 사람은 2015년 시점 전 세계의 9.9%에서 2018년에는 8.6%까지 감소했습니다. 하지만 2030년에 예측되는 수치는 6.0%로 2030년까지 빈곤을 끝낼 수 있을지 미지수입니다.
● 전 세계 빈곤층의 약 79%가 농촌 지역에 살고 있습니다. 농촌 지역 빈곤율은 17.2%로 도시 지역(5.3%)의 세 배를 웃돕니다. 또 극도로 가난한 사람의 46%는 14세 미만의 어린이들입니다.
● 동아시아의 빈곤율은 1990년 52%에서 2015년에는 1% 미만까지 떨어졌습니다.

주요 세부 목표

1.1 2030년까지 1일 생계비 1.25달러 미만 인구를 완전히 없앤다.
1.2 2030년까지 각 국가 빈곤 정의에 따라 빈곤 수준의 인구를 절반으로 줄인다.
1.3 각국에서 최저한의 기준을 포함한 적절한 사회 보호 제도 및 대책을 실시하여 2030년까지 빈곤층 및 취약계층에게 충분한 보호를 달성한다.
1.4 2030년까지 모든 사람들(특히 빈곤층)의 경제적 자원, 기본 서비스, 소유권, 토지 및 기타 형태의 부동산, 상속, 천연자원, 신규 기술 그리고 금융 서비스 등에 대해 평등한 권리를 보장한다.
1.5 2030년까지 빈곤과 취약한 상황에 있는 사람들의 회복력을 키우고, 기후 관련 극한 상황 혹은 기타 경제·사회·환경적 충격 및 재난의 노출과 취약성을 줄인다.

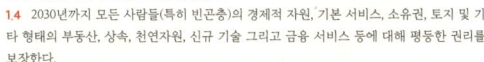

목표를 달성해야 하는 이유

지금도 7억 명 이상이 하루 1.9달러 미만으로 생활하는 심각한 빈곤 상태에 있습니다. 불평등이 퍼지면 경제 성장에 악영향을 미칠 뿐 아니라 사회적 결속력이 훼손되어 정치와 사회에 긴장감이 높아지고, 정세 불안과 분쟁의 원인이 될 수도 있습니다.

● 17개 목표에는 저마다 세부 목표가 있고 그 수는 모두 169개입니다. '세부 목표'는 목표를 달성하기 위한 더 구체적인 목표입니다. 지면 관계상 전부 싣지 못했지만 가능한 많은 세부 목표를 소개했습니다.

● SDGs의 17개 목표는 저마다 만들어진 이유가 있습니다. 왜 목표를 달성해야 하는지, 목표를 달성하면 세계는 어떻게 변하는지, 목표를 달성하지 못하면 세계는 어떻게 되는지 간단히 설명하고 있습니다.

부록 SDGs의 17개 목표를 더 자세히 알아보자

목표 1

1 빈곤층 감소와
사회 안전망 강화

모든 곳에서 모든 형태의 빈곤 종식

세계가 직면하고 있는 주된 과제·문제

● 2015년 시점에서 빈곤층 기준인 하루 1.9달러보다 못한 생활을 하는 사람들은 7억 3,600만 명에 이릅니다. 그중 4억 1,300만 명이 사하라 이남 아프리카에 모여 있습니다.

● 하루에 한 사람당 1.9달러의 소득으로 생활하는 사람은 2015년 시점 전 세계의 9.9%에서 2018년에는 8.6%까지 감소했습니다. 하지만 2030년에 예측되는 수치는 6.0%로 2030년까지 빈곤을 끝낼 수 있을지 미지수입니다.

● 전 세계 빈곤층의 약 79%가 농촌 지역에 살고 있습니다. 농촌 지역 빈곤율은 17.2%로 도시 지역(5.3%)의 세 배를 웃돕니다. 또 극도로 가난한 사람의 46%는 14세 미만의 어린이들입니다.

● 동아시아의 빈곤율은 1990년 52%에서 2015년에는 1% 미만까지 떨어졌습니다.

주요 세부 목표

1.1 2030년까지 1일 생계비 1.25달러 미만 인구를 완전히 없앤다.

1.2 2030년까지 각 국가 빈곤 정의에 따라 빈곤 수준의 인구를 절반으로 줄인다.

1.3 각국에서 최저한의 기준을 포함한 적절한 사회 보호 제도 및 대책을 실시하여 2030년까지 빈곤층 및 취약계층에게 충분한 보호를 달성한다.

1.4 2030년까지 모든 사람들(특히 빈곤층)의 경제적 자원, 기본 서비스, 소유권, 토지 및 기타 형태의 부동산, 상속, 천연자원, 신규 기술 그리고 금융 서비스 등에 대해 평등한 권리를 보장한다.

1.5 2030년까지 빈곤과 취약한 상황에 있는 사람들의 회복력을 키우고, 기후 변동으로 인한 극심한 사태 및 기타 경제적, 사회적, 환경적인 충격과 재난에 대한 노출과 취약성을 줄인다.

목표를 달성해야 하는 이유

지금도 7억 명 이상이 하루 1.9달러 미만으로 생활하는 심각한 빈곤 상태에 있습니다. 불평등이 퍼지면 경제 성장에 악영향을 미칠 뿐 아니라 사회적 결속력이 훼손되어 정치와 사회에 긴장감이 높아지고, 정세 불안과 분쟁의 원인이 될 수도 있습니다.

*지면 관계상 전부 싣지 못한 세부 목표는 환경부 지속가능발전포털 <UN 지속가능발전목표 169개 세부목표 및 지표>를 참고하시기 바랍니다.

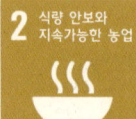

목표 2

기아 종식, 식량 안보와 개선된 영양 상태의 달성, 지속가능한 농업 강화

세계가 직면하고 있는 주된 과제·문제

● 2017년 시점에서 영양부족에 시달리는 사람은 인구 9명 중 1명(8억 2,100만 명)에 이르러 2015년 7억 8,400만 명보다 늘어났습니다.

● 2017년 시점에서 영양부족에 시달리는 사람은 사하라 이남 아프리카(2억 3,700만 명)와 남아시아(2억 7,700만 명)에 특히 많습니다. 그중에서도 사하라 이남 아프리카에서 상황이 악화되어 2014년 1억 9,500만 명에서 더 늘어났습니다.

● 2018년 5세 미만 어린이의 22%(1억 4,900만 명)가 만성적인 영양실조였습니다. 그중 특히 많은 지역은 남아시아(39%)와 사하라 이남 아프리카(36%)입니다.

● 한편 세계의 비만 인구는 5~9세 어린이의 20.6%, 청년(2억 700만 명)의 17.3%, 성인(20억 명)의 38.9%에 이릅니다.

주요 세부 목표

2.1 2030년까지 기아를 없애고 모든 사람들, 특히 빈곤층 및 영아를 포함한 취약한 입장에 있는 사람들이 일 년 내내 안전하고 영양가 있는 식재료를 충분히 구할 수 있게 한다.

2.2 2025년까지 모든 5세 미만 아동의 성장 저해 비율, 임산부, 모유 수유 여성 및 고령층의 영양 수준에 대해 국제적으로 합의된 목표를 달성한다.

2.3 2030년까지 토지, 그 밖의 생산 자원, 투입 자원, 지식, 금융 서비스, 시장, 고부가 가치화, 비농업 고용 기회에 대한 확실하며 평등한 접근성을 확보해 여성, 토착민, 가족 농가, 목축민, 어업 종사자를 비롯한 소규모 식품 생산자의 농업 생산성과 소득을 2배로 늘린다.

2.4 2030년까지 생산성을 높여 생산량을 늘리고 생태계를 유지해 기후변화와 심각한 기상 현상, 가뭄, 홍수 및 그 밖의 재해에 대한 적응 능력을 높이며, 토지와 토양의 질을 조금씩 개선시키는 등 지속가능한 식량 생산 시스템을 확보하고 회복력 있는 농업을 실천한다.

목표를 달성해야 하는 이유

누구나 먹을 것이 충분하기를 바랍니다. 배가 고프면 의욕도 생기지 않고, 힘도 없어지니까요. 그래선 SDGs도 달성할 수 없습니다. 기아가 없는 세계를 만들면 경제와 건강, 교육, 평등, 그리고 사회 발전에 좋은 영향을 미칠 수 있습니다.

목표 3

모든 연령층을 위한 건강한 삶 보장과 복지 증진

세계가 직면하고 있는 주된 과제·문제

● 2017년에는 임신 및 출산 관련 합병증으로 30만 명에 가까운 여성이 사망했습니다. 그중 90% 이상이 저·중소득국에 사는 사람이었습니다.

● 5세 미만 사망자 수는 2000년 980만 명에서 2017년 540만 명으로 감소했습니다. 그중 거의 절반(250만 명)이 생후 1개월 영아입니다.

● 2017년에는 2억 1,900만 명이 말라리아에 걸렸으며 그중 43만 5,000명이 사망한 것으로 추정됩니다.

● 2017년에 1,000만 명이 결핵 증상을 보였다고 추정됩니다. 결핵 감염률은 2000년 이후 21% 감소하였지만 2030년까지 없애려는 목표를 달성할 수 있을 만큼 빠른 속도로 줄지는 않았습니다.

주요 세부 목표

3.1 2030년까지 세계의 임산부 사망률을 10만 명 출생당 70명 이하로 줄인다.

3.2 모든 나라가 신생아 사망률을 1,000건 출생 중 12건 이하까지 줄이고, 5세 이하 사망률을 1,000건 출생 중 25건 이하까지 줄이려고 노력해 2030년까지 신생아 및 5세 미만 어린이의 예방 가능한 사망을 없앤다.

3.3 2030년까지 에이즈, 결핵, 말라리아 및 소외 열대병(주로 열대 지방에서

기생충이나 세균에 감염되어 걸리는 병. 선진국의 입장에서 중요하게 다뤄지지 않았기 때문에 소외된 열대병(Neglected Tropical Diseases, NTDs)이라고 불림-역주) 같은 전염병을 없애며 간염, 수인성 질병(오염된 물이 원인이 되어 걸리는 병-역주), 그 밖에 다른 감염증에 대처한다.

3.4 2030년까지 비감염성 질환으로 인한 조기 사망을 예방과 치료를 통해 3분의 1로 줄이고, 정신보건 및 복지를 촉진한다.

3.5 약물 남용 및 유해한 알코올 섭취를 포함한 물질 남용 방지·치료를 강화한다.

3.6 2020년까지 도로 교통사고로 인한 전 세계 사망자 및 부상자 수를 반으로 줄인다.

3.9 2030년까지 유해화학물질과 대기, 물, 토양 오염으로 인한 사망과 질병 건수를 크게 줄인다.

목표를 달성해야 하는 이유

건강하게 살며 복지를 누리는 것은 인권의 하나입니다. 건강한 사람은 경제를 건전하게 받쳐주는 기반이 됩니다. 모든 사람이 건강한 생활을 누릴 수 있으려면 많은 돈이 필요하지만, 그 효과는 들인 비용을 뛰어넘는 것입니다.

목표 4

모두를 위한 포용적이고 공평한 양질의 교육 보장 및 평생학습 기회 증진

세계가 직면하고 있는 주된 과제·문제

● 2016년 기준으로 7억 5,000만 명의 성인이 읽고 쓸 수 없습니다. 그중 3분의 2가 여성입니다. 사하라 이남 아프리카와 남아시아의 성인 문맹률이 높습니다.

● 2015년 기준으로 6억 1,700만 명(같은 나이대 어린이의 55% 이상)의 초등학교·중학교에 다닐 나이의 어린이가 기초적인 읽고 쓰기와 산수를 배우지 못했습니다.

● 2017년에 2억 6,200만 명의 어린이와 청년(6~17세)이 학교에 다니지 않았습니다. 같은 나이대 세계 인구의 거의 5명 중 1명꼴입니다.

● 여성의 교육은 여전히 장벽에 막혀 있습니다. 2017년 기준으로 학교에 가야 할 나이지만 학교에 다니지 않는 여아 수는 남아보다 중앙아시아에서 27%, 사하라 이남 아프리카에서 21%, 북아프리카와 서아시아에서 12%나 많습니다.

주요 세부 목표

4.1 2030년까지 적절하고 효과적인 학습 성과를 가져올 질 높고 공정한 무상 초등 및 중등 교육을 모든 어린이가 남녀 구별 없이 마칠 수 있게 한다.

4.2 2030년까지 남녀 구별 없이 모든 어린이에게 양질의 영유아 보육과 취학 전 교육 서비스를 이용할 기회를 보장하여 초등 교육에 대비한다.

4.3 2030년까지 모든 사람이 남녀 구별 없이 쉽게 양질의 기술 교육·직업 교육 및 대학을 포함한 고등 교육을 평등하게 받을 수 있게 한다.

4.4 2030년까지 취업, 양질의 일자리 및 창업에 필요한 기술적, 혹은 직업적인 능력을 갖춘 청소년과 성인의 비율을 대폭 늘린다.

4.5 2030년까지 교육의 성별 격차를 줄이고 장애인, 토착민, 취약한 환경에 있는 어린이 등 취약계층이 모든 수준의 교육과 직업 훈련을 평등하게 받을 수 있게 한다.

4.6 2030년까지 모든 청소년 및 남녀 성인 상당수가 읽고 쓰는 능력 및 기본적 계산 능력을 익힐 수 있게 한다.

목표를 달성해야 하는 이유

질 높은 교육은 사람에게 건강하고 지속가능한 생활을 할 수 있는 능력을 줍니다. 그뿐 아니라 빈곤의 고리를 끊을 수 있는 힘을 주고, 불평등을 고치며 성 평등 달성에도 공헌합니다. 교육은 SDGs 달성의 중요한 열쇠를 쥐고 있는 요소라고 할 수 있습니다.

목표 5

5 성 평등 보장

성 평등 달성과 모든 여성 및 여아의 권익 신장

세계가 직면하고 있는 주된 과제·문제

- 2005년에서 2017년 사이 과거 12개월 동안 현재 혹은 이전의 친밀한 파트너에게 신체적·성적 폭행을 받은 15~49세 여성과 여아는 18%에 이릅니다.
- 2019년 1월 1일 시점에서 여성이 국회의원에서 차지하는 비율은 24%입니다. 2010년 19%에서 개선되었지만, 남녀 차가 벌어져 있습니다. 또 2018년 노동력의 39%는 여성이지만, 여성 관리직은 27%에 머물러 있습니다.
- 여성 성기 절제술을 받은 여성이 적어도 2억 명에 달합니다. 그 심각한 인권 침해 행위의 약 절반은 남아프리카 나라들에서 벌어졌습니다.
- 여성은 급여를 받지 못하는 고령자 간병이나 어린이 돌봄, 집안일을 하기 위해 남성의 약 3배에 이르는 시간을 쓰고 있습니다.

주요 세부 목표

5.1 모든 장소의 모든 여성 및 여아에 대한 모든 형태의 차별을 없앤다.

5.2 인신매매나 성적 착취, 기타 형태의 착취를 포함하여 모든 여성 및 여아에 대한 공적·사적 영역에서 벌어지는 모든 형태의 폭력을 없앤다.

5.3 아동 결혼, 조혼, 강제 결혼 및 여성 성기 절제와 같은 모든 유해한 관행을 없앤다.

5.4 나라별로 공공 서비스, 사회기반시설 및 사회 보장 정책을 제공하고, 가구·가족 내의 책임 분담을 통해 무보수 육아 및 간병, 가사노동을 인정하고 평가한다.

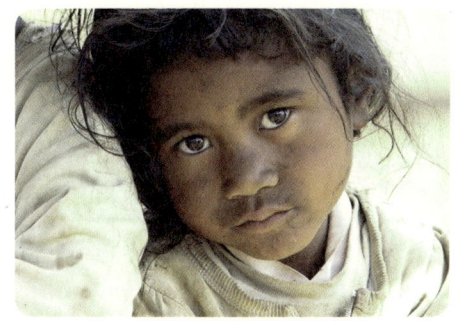

5.5 정치·경제·공적 생활의 모든 의사 결정 수준에서 여성이 완전하고 효과적으로 참여할 수 있게 하고, 평등한 리더십 기회를 보장한다.

5.6 국제인구개발회의(ICPD)의 행동계획과 북경행동강령(1995년 9월 북경에서 열린 제4차 세계여성대회에서 채택된 국제결의안. 여성의 권리가 인권임이 선언됨-역주) 및 이에 대한 검토회의의 결과문서에 따라 성, 재생산 건강, 재생산 권리의 보편적 접근을 확보한다.

목표를 달성해야 하는 이유

성 평등은 빈곤 박멸, 어린이의 건강, 복지 등 건전한 사회의 모든 면에서 빼놓을 수 없습니다. 예를 들어 여자 어린이를 위한 교육에 투자하고 결혼 연령을 올리면 투자금 1달러당 5달러가 돌아온다는 계산도 있습니다.

목표 6

모두를 위한 물과 위생의 이용 가능성과 지속가능한 관리 보장

세계가 직면하고 있는 주된 과제·문제

- 2000년에서 2017년 사이에 안전하게 관리된 식수를 사용하는 세계 인구의 비율은 61%에서 71%로 증가했습니다. 그러나 2017년 시점에서 7억 8,500만 명이나 되는 사람들이 기본적인 식수 서비스조차 이용하지 못하고 있습니다.
- 2017년에도 전 세계의 약 30억 명이 여전히 집에서 제대로 손을 씻을 수 없습니다.
- 2017년 시점에서 세계 인구의 약 9%에 해당하는 6억 7,300만 명이 여전히 야외에서 용변을 해결합니다. 그 대부분이 남아시아입니다.
- 2016년 시점에서 전 세계 의료 시설 4곳 중 1곳은 기본적인 식수 서비스가 없고, 20억 명 이상이 감염증에 걸릴 위험에 놓여 있습니다.

주요 세부 목표

6.1 2030년까지 모든 사람에게 안전하고 적당한 가격의 식수를 보급하고, 보편적이고 형평성 있는 접근을 달성한다.

6.2 2030년까지 모든 사람이 충분하고 공평한 공중위생과 개인 청결에 접근할 수 있게 해 노상 배변을 없앤다. 여성과 여아 및 취약계층에 특히 주의를 기울인다.

6.3 2030년까지 오염 감소, 투기 근절, 유해화학물질 배출 최소화를 통해 미처리된 하수 비율을 반으로 줄이고 재활용 및 안전한 재사용을 세계적 규모로 크게 증가시킨다.

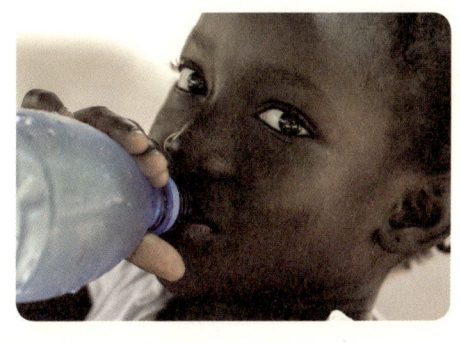

6.4 2030년까지 모든 부분에서 물 사용 효율을 크게 높이고, 담수의 지속가능한 취수 및 공급을 확보해 물 부족에 대처하며, 물 부족으로 고통 받는 인구수를 크게 줄인다.

6.5 2030년까지 국경을 넘는 협력을 포함해 모든 수준에서 통합된 수자원 관리를 실시한다.

목표를 달성해야 하는 이유

수자원을 지속가능한 형태로 관리하면 식량과 에너지 생산도 쉽게 관리할 수 있고, 좋은 일자리(decent work)와 경제 성장에도 공헌할 수 있습니다. 수자원을 보전할 수 있다면 기후변화 대책도 세울 수 있게 됩니다.

목표 7

적정한 가격의 신뢰할 수 있고 지속가능한 현대적인 에너지에 대한 접근 보장

세계가 직면하고 있는 주된 과제·문제

- 전 세계에서 전력 서비스를 이용할 수 있는 사람은 2010년 83%에서 2017년에는 89%까지 늘었습니다. 그러나 2017년 시점에서 8억 4,000만 명이 전력을 이용할 수 없었습니다. 대부분이 사하라 이남 아프리카 지역으로 인구의 56%에 해당하는 5억 7,700만 명이 여전히 전기를 쓸 수 없습니다.
- 농촌 지역에서는 2015년에서 2017년에 걸쳐 사용 에너지가 전기 에너지로 급속히 바뀌었지만, 필요 전기의 78%만을 공급하는 상황에 머물러 있습니다. 전력을 이용할 수 없는 사람의 87%는 농촌 지역에 살고 있습니다. 한편 도시 지역에 사는 97%의 사람들은 전기를 이용할 수 있습니다.
- 최종적인 에너지 총소비량에서 재생에너지가 차지하는 비율은 2010년 16.6%에서 2016년에는 17.5%에 달했습니다.

주요 세부 목표

7.1 2030년까지 적당한 가격으로, 신뢰할 수 있으며 현대적인 에너지 서비스에 보편적으로 접근할 수 있게 한다.

7.2 2030년까지 전 세계 에너지원 구성에서 재생에너지가 차지하는 비율을 큰 폭으로 늘린다.

7.3 2030년까지 전 세계 에너지 효율성 개선율을 2배 늘린다.

7.a 2030년까지 청정에너지 및 재생에너지 연구와 기술에 쉽게 접근할 수 있도록 국제 협력을 강화한다. 청정에너지는 에너지 효율이 높고 선진적이며 환경에 부담이 적은 화석연료 기술을 포함한다. 또한 에너지 기반 시설과 청정에너지 기술을 위한 투자를 늘린다.

7.b 2030년까지 각국의 지원 프로그램에 따라 개발도상국, 특히 최빈개도국(개발도상국 가운데도 가장 가난한 나라를 말함. 일인당 국민 총생산, 문맹률, 일인당 전기 소비량 등을 기준으로 유엔 경제 사회 이사회에서 정하고 있음. 아프가니스탄, 예멘 같은 나라가 속함-역주) 및 **군소도서개발국**(아프리카, 인도양, 남중국해, 지중해, 카리브해, 태평양에 있는 50여 개의 작은 섬나라를 말함. 아이티, 자메이카, 몰디브가 대표적-역주)의 모든 사람들에게 현대적이며 지속가능한 에너지 서비스를 제공할 수 있도록 생산기반을 확대하고 기술 향상을 꾀한다.

목표를 달성해야 하는 이유

에너지 시스템이 튼튼하면 비즈니스, 의료, 교육에서 농업, 생산기반, 통신, 첨단 기술에 이르는 모든 부문을 뒷받침할 수 있습니다. 반대로 에너지 시스템을 이용할 수 없으면 개발과 경제 발전의 발목을 잡습니다.

목표 8

포용적이고 지속가능한 경제 성장, 완전하고 생산적인 고용과 모두를 위한 양질의 일자리 증진

세계가 직면하고 있는 주된 과제·문제

● 개발도상국 중에서도 특히 개발이 뒤처진 최빈개도국의 2010~2017년 실질경제성장률은 4.8%로 목표인 7%에 크게 미치지 못했습니다.

● 세계의 실업률이 계속 줄어드는 가운데 일부 지역과 청년층 사이에서는 높아지고 있습니다. 2018년 지역별 실업률은 북아프리카와 서아시아가 9.9%, 라틴아메리카와 카리브 지역이 8.0%로 높습니다. 또, 2018년 25세 이상의 실업률은 4%였지만, 15~24세 사이 청년층의 실업률은 12%입니다.

● 2018년에는 세계 청년층 5분의 1이 교육, 고용, 직업 훈련 중 어떤 것도 하지 않는 '니트(Not in Education, Employment or Training의 줄임말로 학교를 다니지 않으면서 취업도 하지 않고 취직하기 위한 준비도 하지 않는 사람을 말함. 보통 15~34세 사이의 취업인구 가운데 결혼을 하지 않았고 학교에 다니지 않으면서 가사도 하지 않는 사람을 가리킴-역주)'였습니다. 그중에서도 중앙아시아, 남아시아, 북아프리카, 서아시아는 심각한 상황으로 젊은 층 중 4분의 1이 니트입니다.

주요 세부 목표

8.1 각국의 상황에 따라 1인당 경제성장을 유지한다. 특히 최빈개도국은 적어도 매년 7%의 성장률을 유지한다.

8.4 2030년까지 소비와 생산에서 자원 효율을 점차 개선하고, 선진국

이 주도하는 지속가능한 소비와 생산에 관한 10년 계획안에 따라 경제 성장과 환경 악화의 연결고리를 끊는다.

8.6 2030년까지 고용, 교육, 직업 훈련 중 어떤 것도 하지 않는 청년의 비율을 큰 폭으로 감소시킨다.

8.7 강제 노동을 없애고, 현대식 노예, 인신매매를 없애기 위한 긴급하고 효과적인 방법을 실시한다. 최악의 형태로 이뤄지는 아동 노동을 금지하고 박멸한다. 2025년까지 소년병 동원과 징집을 포함한 모든 형태의 아동 노동을 없앤다.

8.8 이주노동자, 특히 여성 이주노동자와 고용이 불안한 노동자 등 모든 노동자의 권리를 확보하고, 안전하고 안심할 수 있는 노동 환경을 만든다.

8.9 2030년까지 일자리 창출, 지방 문화 진흥, 생산품 판매 촉진으로 연결되는 지속가능한 관광업을 촉진하기 위해 정책을 만들고 실시한다.

목표를 달성해야 하는 이유

사람들의 생산성이 올라 각 나라의 성장에 공헌할 수 있다면 사회 전체에 이익이 확대됩니다. 생산적인 고용과 좋은 일자리(decent work)는 공정한 세계화와 빈곤 박멸 달성의 열쇠를 쥐고 있는 요소입니다.

목표 9

산업 혁신과 사회기반시설 확충, 회복력 있는 사회기반시설 구축, 포용적이고 지속가능한 산업화 증진과 혁신 도모

세계가 직면하고 있는 주된 과제·문제

● 부유한 나라와 가난한 나라 사이의 산업 생산성 격차는 여전히 심각한 상태입니다. 최빈개도국의 산업화는 2030년에 SDGs 목표를 달성할 수 있을 만큼 진행되지 않았습니다. 예를 들어 2018년 1인당 제조업 부가가치의 경우, 유럽과 북미에서는 4,938달러였지만 최빈개도국에서는 고작 114달러였습니다.

● 전 세계에서 이뤄지는 연구 개발 투자는 2000년에는 7,390억 달러였습니다. 2016년에는 2조 달러로 크게 늘었습니다.

● 2018년 시점에서 세계 인구의 96%가 휴대전화를 사용할 수 있는 범위 안에서 살고 있으며, 90%의 사람들이 3G 이상의 성능을 가진 모바일 네트워크가 있는 지역에서 생활하고 있습니다. 다만 경제적인 이유로 쓰지 못하는 사람도 있습니다.

주요 세부 목표

9.1 모든 사람들이 저렴하고 공정하게 접근할 수 있는 경제 발전과 복지를 지원하기 위해 지역 및 초국경적 생산 기반을 포함해 질 높고 신뢰할 수 있으며 지속가능하고 탄력적인 생산 기반을 개발한다.

9.2 포괄적이고 지속가능한 산업화를 촉진해 2030년까지 각국의 상황에 맞게 GDP에서 산업 부문이 차지하는 비율과 고용을 크게 늘린다. 최

빈개도국에서는 2배로 늘린다.

9.4 2030년까지 자원 이용의 효율 향상, 청정 기술과 친환경 기술, 친환경 산업 공정 도입을 통한 기반 시설 개선과 산업 개선으로 지속가능성을 높인다. 모든 나라가 각국의 능력에 맞는 노력을 실시한다.

9.5 2030년까지 기술 혁신을 위해 노력하고, 100만 명당 연구개발 종사자의 비율을 큰 폭으로 늘리며, 관민 연구개발 지출을 확대하는 등 개발도상국을 비롯한 모든 국가의 산업 부문에서 과학 연구를 촉진하고 기술 능력을 높인다.

목표를 달성해야 하는 이유

빈곤을 없애고 지속가능한 개발을 진전시키려 할 때 산업이 아무것도 하지 않으면 빈곤을 뿌리 뽑기는 어렵습니다. 또 생산 기반 정비와 기술 혁신을 게을리하면 의료는 뒤처지고 위생시설이 부족해지며 교육에 접근할 기회가 줄어드는 결과를 부를 것입니다.

목표 10

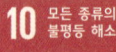

국내 및 국가 간 불평등 감소

세계가 직면하고 있는 주된 과제·문제

● 2011년에서 2016년에 걸쳐 데이터를 얻을 수 있는 92개국 중 69개국에서 수입이 하위 40%인 극빈층의 소득이 전국 평균을 웃도는 성장을 보였습니다. 그러나 빈곤층의 소득은 전체 수입의 25% 미만에 불과합니다.

● 많은 나라에서 상위 1%의 최고 부유층이 손에 넣는 소득의 비율이 점점 커지고 있습니다.

● 노동분배율(부가가치에서 인건비가 차지하는 비율. 이 숫자가 높을수록 기업이 종업원에게 더 많은 돈을 지불하고 있다는 의미)은 줄어들고 있습니다. 2004년에서 2017년 사이에 노동분배율은 중앙아시아·남아시아에서 5% 이상(51.2%→45.8%), 유럽·북미에서 2%(59.6%→57.6%) 감소했습니다. 반대로 라틴아메리카와 카리브해 국가에서는 48.4%→50.5% 증가했습니다.

주요 세부 목표

10.1 2030년까지 각국의 소득 하위 40%의 소득성장률을 국가 평균보다 점차 올리고 유지한다.

10.2 2030년까지 나이, 성, 장애, 인종, 민족, 출신, 종교, 경제적 지위 및 그 밖의 상황에 관계없이 모든 사람의 능력 강화와 사회적·경제적·정치

적 통합을 촉진한다.

10.3 차별적인 법률·정책·관행을 철폐하고, 적절한 관련 법규·정책·행동을 촉진해 기회를 보장하고 소득 불평등을 바로잡는다.

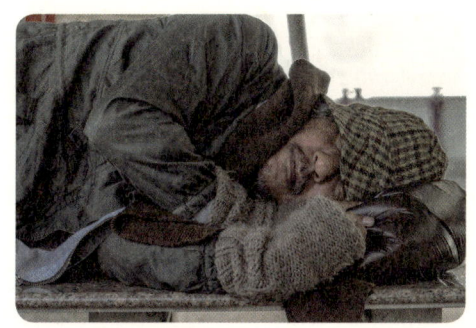

10.4 재정정책, 임금정책, 사회보장정책을 비롯한 정책을 도입하고, 평등 확대를 점차 달성한다.

10.5 세계 금융 시장과 금융 기관에 대한 규제·감시를 개선하고, 그 실시를 강화한다.

10.7 계획에 기초한 잘 관리된 이민 정책 실시를 통해 질서 있고 안전하며 규칙적이고 책임 있는 이주와 인구 이동을 가능하게 한다.

목표를 달성해야 하는 이유

세계에는 여전히 불합리한 차별이 다양한 모습으로 뿌리 깊게 남아 있습니다. 사회적 약자와 사회에서 소외된 공동체 사람들에게 기회와 서비스, 생활을 향상시킬 수 있는 가능성을 주지 못한다면 지구는 모든 사람에게 더 좋은 장소가 될 수 없습니다.

목표 11

포용적이고 안전하며 회복력 있고 지속가능한 도시와 주거지 조성

세계가 직면하고 있는 주된 과제·문제

● 전 세계에서 빈민가에 살고 있는 도시 인구의 비율은 2000년에서 2014년 사이에 28%에서 23%로 감소했지만, 2018년에는 23.5%로 증가했습니다. 여전히 빈민가와 비슷한 환경에서 사는 도시 주민은 10억 명 이상이나 있습니다.

● 세계 전체에서 20억 명이 쓰레기 수거 서비스를 이용하지 못합니다.

● 도시 주민의 47%가 공공교통기관에 편리하게 접근할 수 없습니다.
(버스 정류장 혹은 소인원 교통 시스템에서 도보로 500미터 이내, 철도역 혹은 페리 승강장에서 1,000미터 이내에 살 것)

● 2010년에서 2016년 사이에 세계 인구의 50% 이상이 사는 지역의 공기 질은 악화되었고, 2016년 시점에서 도시 주민 10명 중 9명이 오염된 공기 속에서 생활하고 있습니다.

주요 세부 목표

11.1 2030년까지 모든 사람들이 적당하고 안전하며 저렴한 주택과 기본 서비스에 접근할 수 있게 하고 빈민가를 개선한다.

11.2 2030년까지 여성, 어린이, 장애인, 고령자 등 취약계층의 요구를 특히 고려한 공공교통기관 확대 등을 통해 교통안전성을 개선하고, 모든 사람들에게 안전하고 저렴하며 쉽게 이용할 수 있는 지속가능한 운

송 시스템을 제공한다.

11.3 2030년까지 포괄적이고 지속가능한 도시화를 촉진하고, 모든 나라가 참여적, 통합적이며 지속가능한 거주지 계획 및 관리 능력을 강화한다.

11.5 2030년까지 빈곤층·취약계층 보호에 초점을 맞추어 수해 등 재난으로 인한 사망자 및 피해자 수를 크게 줄이고, 세계 국내총생산 대비 직접적인 경제 손실을 크게 줄인다.

11.7 2030년까지 대기의 질과 일반폐기물 및 그 밖의 폐기물 관리에 특별히 주의를 기울이는 등 노력해 도시 인구 한 사람이 환경에 미치는 영향을 줄인다.

목표를 달성해야 하는 이유

빈민가의 주민은 8억 8,300만 명이나 있고, 계속 늘고 있습니다. 육지 면적의 고작 3%에 해당하는 도시가 에너지의 60~80%를 소비하며, 탄소 배출량의 75%를 차지하고 있습니다. 사회적, 경제적 손실을 피하기 위해 도시의 현재 모습을 바꿔야 할 필요가 있습니다.

지속가능한 소비와 생산 양식의 보장

세계가 직면하고 있는 주된 과제·문제

● 소비되는 천연 자원량을 나타내는 지표인 '물질 발자국(material footprint)'은 전 세계에서 인구 및 경제 성장을 능가하는 속도로 급팽창하고 있습니다. 1990년 430억 톤에서 2017년에는 920억 톤으로 늘었습니다. 2060년에는 1,900억 톤에 달할 것으로 추측됩니다.

● 고소득국 1인당 '물질 발자국'은 27톤으로 상위 중소득국보다 60% 많고, 저소득국의 13배 이상이라는 큰 차이가 있습니다.(세계은행은 일인당 국민 총소득(GNI)에 따라 1,035달러 이하는 저소득국, 1,036~4,045달러는 하위 중소득국, 4,046~12,535달러는 상위 중소득국, 12,536달러 이상은 고소득국으로 나누며, 우리나라는 고소득국에 속함-역주)

● 세계적으로 폐기물 발생이 늘고 있습니다. 매년 인간이 소비하기 위해 생산되는 식품의 약 3분의 1이 사라지거나 낭비되고 있는데, 대부분 선진국에서 일어납니다.

주요 세부 목표

12.1 개발도상국의 개발 상황 및 능력을 감안하여 지속가능한 소비와 생산에 관한 10년 계획안을 실시하고, 선진국 주도하에 모든 나라가 대책을 세운다.

12.2 2030년까지 천연자원의 지속가능한 관리 및 효율적 이용을 달성한다.

12.3 2030년까지 전 세계의 소매 및 소비자 수준에서 1인당 식품폐기물을 반으로 줄이고, 수확 후 생산

및 유통 과정에서 발생하는 식품 손실을 줄인다.

12.4 화학물질 및 모든 폐기물에 대해 2020년까지 합의된 국제적 틀에 따라 제품 수명주기 동안 친환경적인 관리를 실현하고, 인체 건강 및 환경에 미치는 부정적인 영향을 최소화하기 위해 공기, 물, 토양으로의 배출을 크게 줄인다.

12.5 2030년까지 발생 방지, 감축, 재생 및 재사용을 통해 폐기물을 줄인다.

12.6 특히 대기업과 다국적기업 등 기업들이 지속가능한 노력을 도입하고, 지속가능성에 관한 정보를 정기 보고에 반영할 수 있게 장려한다.

목표를 달성해야 하는 이유

앞으로 전 세계에서 더 많은 사람들이 중간층에 속하게 될 것입니다. 그에 따라 천연자원 수요도 늘어나기 때문에 소비와 생산 방식을 바꾸기 위한 행동을 하지 않으면 환경에 돌이킬 수 없는 피해를 입히게 됩니다.

출처: https://datahelpdesk.worldbank.org/knowledgebase/articles/906519-world-bank-country-and-lending-groups

목표 13

기후변화와 그로 인한 영향에 맞서기 위한 긴급 대응

세계가 직면하고 있는 주된 과제·문제

- 2018년 지구의 평균 기온은 산업혁명 전 평균 기온보다 약 1℃ 높아졌고, 과거 4년 동안 기록적인 고온을 보였습니다. 또 해수면이 상승하는 속도가 빨라지고 있습니다.
- 세계 이산화탄소 배출량은 2030년까지 2010년 대비 최소 45% 줄여야 합니다. 2050년까지 실질적인 배출량 0을 달성하기 위해 계속 줄여갈 필요가 있습니다.
- 1998년에서 2017년에 걸쳐 전 세계에서 재해 때문에 발생한 직접적인 경제적 손실은 약 3조 달러였으며, 그중 기후 관련 재해가 원인이 된 경우는 77%를 차지했습니다. 그 기간 중 기후 관련 재해, 지구 물리학적 재해로 인한 사망자 수는 130만 명으로 추정됩니다.

참고: http://www.ekn.kr/news/article.html?no=391435

주요 세부 목표

13.1 모든 국가에서 기후 관련 재해와 자연재해에 대한 회복력 및 적응력을 강화한다.

13.2 각국이 정책과 전략, 계획에 기후변화 대책을 반영한다.

13.3 기후변화 완화, 적응, 영향 감소, 조기 경보에 대한 교육, 인식 개선, 인적 능력, 제도 기능을 개선한다.

13.a 의미 있는 완화 조치와 그 이행에 관한 투명성을 확보해 달라는 개발도상

국의 요구에 응하기 위해 2020년까지 모든 자금원에서 연간 1,000억 달러를 공동으로 동원하겠다는 목표 하에 유엔기후변화협약(UNFCCC)의 선진국 당사자들이 공약을 이행하고, 가능한 한 빨리 자본을 투입해 녹색기후기금을 본격 실시한다.

13.b 최빈개도국과 군소도서개발국에서 여성, 청소년, 지방 및 소외 공동체에 초점을 맞춰 기후변화와 관련한 효과적인 계획 수립과 관리를 위한 능력을 높일 수 있게 한다.

목표를 달성해야 하는 이유

인간의 활동으로 일어나는 기후변화는 폭풍우나 재해뿐 아니라, 나아가 분쟁의 원인이 될 수도 있는 식량 부족, 물 부족 같은 위협을 더욱 악화시킬 수 있습니다. 아무 대책도 세우지 않아 지구의 평균 기온이 3℃ 이상 상승하면 모든 생태계에 악영향을 미치게 됩니다.

목표 14

지속가능발전을 위한 대양, 바다, 해양자원의 보전과 지속가능한 이용

세계가 직면하고 있는 주된 과제·문제

● 해양은 이산화탄소(CO_2)를 흡수하여 대기 중 이산화탄소 농도 상승을 억제하고 있지만, 해양에 이산화탄소가 쌓여 해양 산성화가 진행되면 해양 생태계에 악영향을 미칩니다. 산업혁명 이전과 비교해 해양 산성도는 26% 상승했습니다. 이대로 이산화탄소 배출률이 변하지 않으면 이번 세기말까지 산성도가 100~150% 증가할 것으로 예측됩니다.

● 생물학적으로 지속가능한 수준에 있는 해양 어자원의 비율은 1974년 90%에서 2015년에는 67%로 감소했습니다. 해역별로 보면 2015년 시점에서 지중해·흑해 지역이 37.8%로 가장 낮고, 동남태평양지역(38.5%)이 그다음입니다. 한편 동중앙 및 북동태평양 지역에서는 생물학적으로 지속가능한 수준인 85%를 넘었습니다.

● 220개 연안 지역 중 104개는 2012년부터 2018년 사이에 수질이 개선되었습니다.

주요 세부 목표

14.1 2025년까지 해양 쓰레기와 부영양화(강·바다·호수 등에 영양물질이 증가하여 해조류가 급속히 늘어나는 현상·적조의 원인이 되어 바다 환경에 악영향을 미침-역주)를 포함하여 특히 육지 기반 활동으로 발생하는 오염 등 모든 종류의 해양 오염을 예방하고 크게 줄인다.

14.2 2020년까지 해양 및 연안 생태계에 미치는 중대한 악영향을 피하기 위해 회복력 강화 등을 통해 지속적으로 관리·보호하며, 건강하고 생산적인 해양을 만들기 위해 해양 및 연안 생태계에 대한 복구 조치를 실행한다.

14.3 모든 수준의 과학 협력을 강화해서 해양 산성화의 영향을 최소화하고 대응한다.

14.4 수산 자원을 실현 가능한 가장 짧은 기간에 적어도 각 자원의 생물학적 특성에 따라 결정되는 최대 지속가능 생산량 수준까지 회복시키기 위해, 2020년까지 효과적으로 어획을 규제하고 남획과 불법·비보고·비규제 어업 및 파괴적 어업 관행을 종식하며, 과학적 관리 계획을 실시한다.

14.5 2020년까지 최대한 입수 가능한 과학 정보에 기초해 국내법 및 국제법에 맞는 방식으로 연안 지역 및 해양 지역의 적어도 10%를 보존한다.

목표를 달성해야 하는 이유

전 세계의 바다로 흘러들어온 쓰레기양이 증가하며 환경과 경제에 큰 악영향을 미치고 있습니다. 생물 다양성을 해칠 뿐 아니라 허술한 해양 관리에서 오는 마구잡이 어업으로 어업 부문의 경제적 이익의 손실액은 연간 500억 달러(약 59조 원)에 달합니다.

목표 15

육상생태계의 지속가능한 보호·복원·증진, 숲의 지속가능한 관리, 사막화 방지, 토지황폐화의 중지와 회복, 생물 다양성 손실 중단

세계가 직면하고 있는 주된 과제·문제

● 포유류, 조류, 양서류, 산호, 소철과 관련해 2만 종이 넘는 데이터를 추적한 적색목록 지수에 따르면 종의 멸종 위기는 과거 25년 동안 약 10% 악화되었습니다.

● 지구의 총 육지 면적의 20%가 2000년에서 2015년 사이에 사막화, 산림 파괴, 부적절한 토양 관리, 경작지 확대, 도시화 등으로 질이 떨어졌습니다. 그로 인해 인간의 복지에 빼놓을 수 없는 서비스가 크게 사라졌고, 10억 명 이상의 사람들이 생활에 직접적인 영향을 받았습니다.

● 2000년에서 2015년 사이에 총 토지 면적에서 산림 면적이 차지하는 비율은 31.1%에서 30.7%가 되었고, 약 5,700만 헥타르(케냐와 거의 같은 면적)의 숲이 사라졌습니다.

주요 세부 목표

15.1   2020년까지 국제 협약 의무에 따라 삼림, 습지, 산지, 건조지 등 육지 생태계와 내륙 담수 생태계 및 그 서비스에 대한 보전과 복원, 지속가능한 사용을 확보한다.

15.2   2020년까지 모든 형태의 산림을 지속가능한 형태로 관리하고 벌채를 중단한다. 황폐화된 산림을 복원하고 전 세계에서 새로운 숲을 대폭 늘린다.

15.3 2030년까지 사막화를 막고, 가뭄, 홍수에 영향을 받은 토지를 포함해 황폐해진 토지와 토양을 복원한다. 토지 황폐화를 막기 위해 전 세계가 협력한다.

15.5 자연서식지의 황폐화를 줄이고 생물 다양성 손실을 막으며, 2020년까지 멸종 위기종을 보호하고 멸종을 예방하기 위한 긴급하고 의미 있는 대책을 세운다.

15.8 2020년까지 외래종의 침입을 막으며 이들이 육지 및 수중 생태계에 미치는 영향을 크게 줄이기 위한 대책을 도입하고, 먼저 대책을 세워야 할 외래종을 통제하거나 근절시킨다.

목표를 달성해야 하는 이유

인간 활동과 기후변화에 의한 생태계의 혼란 때문에 일어나는 자연재해는 이미 전 세계에 매년 3,000억 달러(348조 원)가 넘는 피해를 주고 있습니다. 지속가능한 형태로 숲을 관리하고, 사막화에 대처하며, 토지 황폐화를 막지 않으면 많은 문제가 일어납니다.

목표 16

지속가능발전을 위한 평화롭고 포용적인 사회 증진, 모두에게 정의를 보장, 모든 수준에서 효과적이며 책임감 있고 포용적인 제도 구축

세계가 직면하고 있는 주된 과제·문제

● 살인 사건 희생자의 수는 2000년 41만 9,000명에서 2017년 46만 4,000명으로 11% 증가했습니다. 희생자에서 남성이 차지하는 비율은 80%이지만, 친밀한 파트너나 가족에 의한 살인 희생자에서 여성이 차지하는 비율은 64%입니다.

● 전 세계에서 파악된 인신매매 피해자 중 여성 및 여아가 차지하는 비율은 70%이고, 그중 59%가 성적 착취를 목적으로 했습니다.

● 2010년에서 2018년까지 161개국의 데이터에 따르면 5세 미만 어린이 73%가 출생신고를 했지만 사하라 이남 아프리카에서는 46%에 그쳤습니다.

● 2018년 1월부터 10월까지 41개국에서 인권운동가, 언론 종사자, 노동조합원 397명이 살해되었습니다.

주요 세부 목표

16.1 모든 장소에서 모든 형태의 폭력과 폭력에 관련된 사망률을 크게 줄인다.

16.2 어린이를 대상으로 한 학대, 착취, 매매 및 모든 형태의 폭력과 고문을 뿌리 뽑는다.

16.3 국가 및 국제 수준에서 법의 지배를 촉진하고, 모든 사람들에게 동등한 법 접근을 보장한다.

16.4 2030년까지 불법 자금 및 무기 거래를 크게 줄이고, 절도 자산을 되찾아 돌려주며, 모든 형태의 조직범죄를 뿌리 뽑는다.

16.5 모든 형태의 부패 및 뇌물 수수를 크게 줄인다.

16.6 효과적이고 책임감 있으며 투명한 공공기관을 만들어간다.

16.9 2030년까지 모든 사람에게 출생등록을 포함한 법적 신분을 제공한다.

16.10 국내법 및 국제 협정에 따라 정보에 대한 공공 접근을 보장하고 기본적 자유를 보호한다.

목표를 달성해야 하는 이유

SDGs를 달성하기 위해서는 모든 사람들이 어떤 형태의 폭력에도 노출되지 않고, 민족이나 신념, 성적 지향성에 관계없이 안심하고 생활할 필요가 있습니다. 각국 정부와 시민 사회, 공동체는 힘을 합쳐 폭력을 줄이고 정의를 실현하여 부패와 싸워야 합니다.

목표 17

17 지구촌 협력 확대

이행 수단 강화와 지속가능발전을 위한 글로벌 파트너십의 활성화

세계가 직면하고 있는 주된 과제·문제

- 2018년 ODA(공적개발원조) 실질 총액은 1,490억 달러로 2017년과 비교해 실질 감소율은 2.7%입니다.
- ODA는 최빈개도국에게 가장 큰 자금원입니다. 그러나 2018년에는 최빈개도국과 아프리카 나라들에 대한 원조가 줄었습니다. 최빈개도국에 대한 양자 간 원조는 2017년과 비교해 실질 3%, 아프리카는 4% 감소했습니다.
- 2018년에 선진국에서는 81%의 사람이 인터넷에 접속할 수 있었지만, 개발도상국에서는 45%, 특히 개발이 뒤처진 최빈개도국에서는 고작 20%만이 인터넷에 접속할 수 있었습니다.

주요 세부 목표

17.1 세금과 다른 수익에 대한 국내 역량을 개선하기 위해 개발도상국에 대한 국제적 지원도 포함해 국내 자원을 쉽게 동원할 수 있게 한다.

17.3 개발도상국을 위한 추가적인 재원을 다양한 출처에서 동원한다.

17.8 2017년까지 최빈개도국을 위한 기술은행 및 과학기술 혁신 능력 구축의 작동 원리를 완전히 운용하고, 정보통신기술(ICT)을 비롯한 핵심 기술 이용을 늘린다.

17.11 개발도상국의 수출을 크게 늘리고, 특히 2020년까지 최빈개도국이 세계 수출에서 차지하는 비율을 2배 늘린다.

17.14 지속가능한 발전을 위한 정책의 일관성을 높인다.

17.15 빈곤 퇴치와 지속가능한 발전을 위한 정책을 세우고 실시할 때 각국의 정책 공간과 리더십을 존중한다.

17.17 다양한 파트너십 경험과 자원 전략을 토대로 효과적인 공공, 공공-민간, 시민사회 간 파트너십을 장려하고 추진한다.

목표를 달성해야 하는 이유

SDGs는 선진국과 개발도상국을 가리지 않고 모든 국가에 '단 한 사람도 소외되지 않기' 위한 행동을 요구합니다. SDGs를 달성하기 위해서는 각국 정부, 시민 사회, 과학자, 학계, 민간 부문을 포함한 모두의 협력이 필요합니다.

빈곤, 경제 격차, 인종 차별, 환경 파괴…

지구에는 다양한 문제와 과제가 산더미처럼 쌓여 있어!

이대로는 우리가 어른이 되었을 때 지구가 위험해!

어떻게 해야 전 세계 사람들이

좀 더 살기 좋은 지구를 만들 수 있을까?

SDGs의 17개 목표를 통해

어떤 문제와 과제를 해결해야 되는지

이를 위해 무엇을 해야 하는지 생각해 보자!

SDGs와 관련된 유용한 사이트

● 유엔 홍보센터

SDGs를 알고 싶다면 한번 살펴보세요. 17개의 목표 로고도 다운로드할 수 있고, 영상도 준비되어 있어요.

https://sdgs.un.org/

● 환경부 K-SDGs 지속가능발전포털

우리 정부가 어떤 노력을 하고 있는지 알 수 있는 정보가 실려 있습니다. 각 지자체 및 기관들의 활동도 알 수 있습니다.

http://www.ncsd.go.kr/

● 전국지속가능발전협의회

지역 지속가능발전을 추진하는 거버넌스 기구의 네트워크 조직으로 유엔 경제사회 이사회 특별협의지위(UNECOSOC Special Consultative Status) 기구입니다. 해마다 대한민국 지속가능발전대회와 다양한 공모전을 주최하고 있어 다양한 행사를 엿볼 수 있어요.

http://www.sdkorea.org/index.php

SDGs를 즐겁게 배울 수 있는 편리한 도구들

● 유엔 홍보센터 'GO GOALS'

재미있게 놀면서 SDGs를 배울 수 있는 보드게임 'GO GOALS'를 다운로드할 수 있습니다. 가족 모두와 즐겁게 게임하며 인간 사회가 마주한 다양한 과제와 미래를 생각해 보세요.

https://go-goals.org/

● 유니세프 '지속가능발전 목표 가이드'

어린이를 위한 SDGs의 17개 목표를 간단히 설명하고 있습니다. 실제로 어떤 노력이 있는지 알 수 있고, 유니세프가 만든 다양한 자료도 확인할 수 있어요.

https://www.unicef.org/sdgs

● SDGs 플랫폼

어렵게 느껴질 수 있는 SDGs를 분야별로 다양하게 배울 수 있는 유튜브 채널입니다.

https://www.youtube.com/channel/UCWru9UfMHG_nrH4j61TVbOA/videos

ㄱ

가상수(virtual water)	91
경제 개발	48, 49
경제 격차	39
공정무역	80, 81
과로사	33
국제연합(유엔)	45, 87
국제연합홍보센터	87, 89
그레타 툰베리	74, 75
그라민 은행	72, 73
그린 워시(green wash)	99
기부	73, 97
꿈 노트	85

ㄴ

낙동강 페놀 오염사건	29

ㄷ

다섯 개의 P	52, 53

ㅁ

마이크로 크레디트	73
멸종 위기종	22, 23
무슬림	77
무함마드 유누스	72, 73

ㅂ

백캐스팅	84, 85
블랙 라이브즈 매터	71

ㅅ

사회적 기업	73
사회적 포섭	48, 49
상대적 빈곤	18, 19
생물 다양성	25, 51, 103
IUCN(세계자연보전연맹)	22
세부 목표	46, 47
소년병	37
수질 오염	28, 29
순산소소	66
스포츠 SDGs	83
식량자급률	17
식품 손실	17, 60, 61, 66, 95, 104
신토불이	66

ㅇ

아동 노동	30, 31, 79, 98, 99
에코백	63, 93
온실가스	25, 66, 68, 69, 75
유니세프(유엔아동기금)	13
유엔세계식량계획(WFP)	17
윤리적 소비	80, 81
음식물 쓰레기	17, 104
이미지 세탁	98
이산화탄소	25, 49, 69
인권	26, 27, 34, 35

ㅈ

전형 7 공해	29, 35
절대적 빈곤	18, 19
젠더 갭 지수	65
지구 위험 한계선	50, 51
지구온난화	24, 25, 66, 69, 75
지속가능	44, 45, 48, 49

ㅊ

취약	46, 47

ㅋ

코로나바이러스	13, 14, 15

ㅍ

파트너십	52, 53
포어캐스팅	84, 85

ㅎ

해양 플라스틱 쓰레기	93
환경보호	48, 49, 95

영단어 및 숫자

2019 유엔 기후 행동 정상 회의	75
2030 의제	55
#MeToo 운동	35
ESG	95
G7(주요 7개국 모임)	59
MDGs(새천년개발목표)	56, 57
SDGs(지속가능발전목표)	44, 45
SNS	71, 89
WHO(세계보건기구)	15
Z세대	103

【참고자료】

- 『60분이면 알 수 있다! SDGs 초입문』バウンド、佐藤寛・監修、功能聡子・監修、技術評論社
- 『지구의 내일을 부탁해! - SDGs(지속가능개발목표) 미래를 바꾸는 17가지 특별한 아이디어(未来を変える目標SDGsアイデアブック)』Thinke the Earth(엮은이), 가니에 노리치카(감수), 청어람e
- 『SDGs입문』村上芽、渡辺珠子、日本経済新聞出版
- 『비즈니스퍼슨을 위한 SDGs 교과서』足達英一郎、村上芽、橋爪麻紀子、日経BP
- 『나는 8살, 카카오밭에서 일해요-아동 노동자라 불리는 2억 1800만 명의 아이들』이와쓰키 유카, 시로키 도모코, 미즈요리 도모코, 서해문집
- 『욕망의 자본주의-룰이 바뀔 때』丸山俊一、NHK「欲望の資本主義」制作班、東洋経済新報社
- 『욕망의 자본주의2-어둠의 힘이 눈 뜰 때』丸山俊一、NHK「欲望の資本主義」制作班、
東洋経済新報社
- 『욕망의 자본주의3-거짓 개인주의를 넘어서』丸山俊一、NHK「欲望の資本主義」制作班、東洋経済新報社

【감수자 프로필】

아키야마 고지로(秋山宏次郎)
- 일반재단법인 어린이 식당 지원기구 대표이사

2006년 게이오기주쿠 대학 경제학부 졸업. 일반 기업에서 근무하며 기업과 행정에 신규 프로젝트를 제안하는 일을 한다. 발기인으로 많은 안건을 사업화로 이끌었다. 그밖에 대학 수업, 강연, 집필 활동, 법인 대표 등 폭넓게 활동하고 있는 N잡러이다.

KODOMOSDGs NAZE SDGs GA HITSUYONANOKAGA WAKARU HON by bound inc.
Supervised by Kojiro Akiyama
Copyright © bound inc., 2020
All rights reserved.
Original Japanese edition published by KANZEN CORP.
Korean translation copyright © 2021 by Schoolzone
This Korean edition published by arrangement with KANZEN CORP., Tokyo, through
HonnoKizuna, Inc., Tokyo, and EntersKorea Co., Ltd.

어린이를 위한 SDGs

ISBN 979-11-974151-5-9 73300 ǁ 초판 1쇄 펴낸날 2022년 1월 10일 ǁ 초판 3쇄 펴낸날 2022년 4월 5일
기획 그루터기 ǁ 펴낸이 정혜옥 ǁ 디자인 이지숙 ǁ 펴낸곳 스쿨존에듀(굿인포메이션) ǁ 출판등록 1999년 9월 1일 제 1-2411호
주소 04779 서울시 성동구 뚝섬로 1나길 5(헤이그라운드) 7층 ǁ 사서함 06779 서울시 서초구 동산로 19 서울 서초우체국 5호
전화 02)929-8153 ǁ 팩스 02)929-8164 ǁ E-mail goodinfozuzu@hanmail.net
- 스쿨존에듀, 스쿨존은 굿인포메이션의 자회사입니다. ■ 잘못된 책은 본사나 구입하신 서점에서 바꾸어 드립니다.

도서출판 스쿨존에듀(굿인포메이션, 스쿨존)는 교사, 학부모님들의 소중한 의견을 기다립니다. 책 출간에 대한
기획이나 원고가 있으신 분은 이메일 goodinfozuzu@hanmail.net으로 보내주세요.

집과 학교에서 일어나는 '하루 10분 학습혁명'

초등학교 선생님들이 선택한 경필책!

글씨 바로쓰기

속담편 저학년 1·2 | 속담편 고학년 1·2 (각 88쪽 / 8,600원)
관용어편 1·2 (각 88쪽 / 10,000원)

교과서 단어 총망라! 하루 10분 십자퍼즐 여행

가로세로 낱말퍼즐

1학년 1·2학기 | 2학년 1·2학기 | 3학년 1·2학기 (각 136쪽 / 10,000원)

받아쓰기 만점 대비! 쓰기 연습, 교과서로 해요~

국어 교과서 따라쓰기

1학년 1·2학기 | 2학년 1·2학기 (각 128쪽 / 8,900원)